AF586066

Confidences du Coeur

“Tu es la seule que j’aime !”

Jaime Peña

"J'appelle poésie cet envers du temps, ces ténèbres aux yeux grands ouverts, ce domaine passionnel où je me perds, ce soleil nocturne, ce chant maudit."

Arago

La folle passion

Ah, vous voilà ! Installez-vous et laissez-moi vous parler de cette chose merveilleuse, mystérieuse, parfois déroutante, mais toujours enivrante : l'amour passionnel. Vous savez, celui qui vous fait perdre la tête, qui vous fait voir des étoiles en plein jour, qui vous donne des papillons dans le ventre à la simple évocation de son nom.

Imaginez un instant... Une salle bondée, des visages inconnus, des murmures, des rires, et puis, au milieu de tout ça, une personne. Une personne qui, dès le premier regard, vous fait oublier tout le reste. C'est comme si le monde entier s'était arrêté, et qu'il n'y avait plus qu'elle ou lui. Comme si chaque atome, chaque molécule de votre corps vibrait à l'unisson avec cette personne. Vous vous approchez, timidement, hésitant, et puis, quand vos regards se croisent, tout devient évident.

La magie opère, et vous vous rendez compte que vous avez trouvé votre moitié, cette personne qui vous complète, qui vous comprend, qui partage vos rires, vos larmes, vos rêves. C'est comme si le destin avait tout orchestré, comme si toutes les pièces du puzzle s'emboîtaient parfaitement.

Et puis, il y a ces moments, ces moments de pur bonheur, où vous vous retrouvez tous les deux, seuls au monde, à rire, à parler, à rêver, à planifier l'avenir. Vous vous rendez compte que vous avez trouvé le bonheur, ce bonheur si insaisissable, si éphémère, mais tellement précieux.

Alors, la prochaine fois que vous ressentirez ce frisson, cette étincelle, ce sentiment indescriptible, n'hésitez pas, plongez! Car l'amour passionnel, mes chers amis, est un cadeau, une chance, une bénédiction. Et, comme le disait si bien ce vieux banc sur lequel nous sommes assis : "L'amour est le sel de la vie, et nous sommes les papillons attirés par sa lumière".

Sur ce, je vous laisse, j'ai rendez-vous avec un nuage qui souhaite me parler de ses voyages. À très bientôt, et que l'amour vous guide toujours !

Le bonheur

Nous voilà réunis une fois de plus, en quête de réponses sur ce sentiment si universel et pourtant si personnel : le bonheur. Vous savez, ce sentiment éphémère qui, tel un papillon, se pose délicatement sur notre épaule pour s'envoler à la moindre brise.

Qu'est-ce que le bonheur, me demandez-vous? Est-ce un moment? Une collection de souvenirs? Un état d'esprit? Ah, si seulement il y avait une réponse simple, une formule magique que je pourrais vous donner. Mais le bonheur, mes chers, est bien plus complexe que cela.

Imaginez un instant un enfant, jouant sans souci dans un parc, riant aux éclats, sans penser à demain. Est-ce cela, le bonheur? Ou bien est-ce ce vieil homme, assis sur un banc, regardant le coucher du soleil, avec une lueur de mélancolie dans les yeux, mais aussi une profonde sérénité? Ou encore, est-ce ce couple, marchant main dans la main, partageant des rires et des secrets, se construisant un futur ensemble?
Le bonheur, mes amis, est tout cela, et bien plus encore. Il est dans les petits moments, dans les gestes simples, dans les sourires échangés, dans les éclats de rire. Il est dans le vent qui caresse votre visage, dans le parfum d'une fleur, dans le chant d'un oiseau. Il est partout, et nulle part à la fois.

Mais, vous me direz, comment trouver ce bonheur? Ah, voilà la vraie question! Et la réponse, je crois, réside en chacun de nous. Le bonheur est une quête, un voyage, et non une destination. Il est fait de choix, de sacrifices, de moments partagés. Il est fait de hauts et de bas, de larmes et de joies.

Alors, la prochaine fois que vous chercherez le bonheur, regardez autour de vous, respirez profondément, et ouvrez votre cœur. Car, comme le disait si bien ce vieil arbre sous lequel je m'assois souvent : "Le bonheur est un état d'esprit, et non un état de fait".

Sur ce, je m'en vais, j'ai rendez-vous avec une étoile filante qui souhaite me parler de ses rêves. Prenez soin de vous, et n'oubliez jamais de chercher le bonheur, où qu'il se trouve.

Le basculement

Mes amis, asseyez-vous un instant, ici, près de cette fontaine où l'eau chante sa mélodie éternelle. Imaginez, par une douce après-midi d'automne, alors que les feuilles commencent à prendre ces teintes dorées, deux âmes égarées qui se croisent au Jardin du Luxembourg. L'air est frais, légèrement parfumé par l'odeur des chrysanthèmes en fleur, et le soleil joue à cache-cache derrière les nuages.

Elle, déambulait, perdue dans ses pensées, un livre à la main, rêvant d'évasions et d'aventures. Lui, assis sur un banc, captivé par les douces mélodies d'un violoniste non loin de là, laissait son esprit vagabonder. Leurs regards se croisèrent, une étincelle, un frisson, le monde autour semblait s'être tu.

Ils échangèrent quelques mots, d'abord timidement, puis avec une complicité grandissante. Les heures passèrent, le soleil déclinait, et ils marchèrent ensemble, main dans la main, à travers les allées du jardin, partageant rires, rêves et espoirs. Et puis, près du bassin où les enfants faisaient voguer de petits voiliers, leurs lèvres se rencontrèrent pour la première fois. Un baiser, doux, hésitant, puis passionné.
Ce baiser, mes amis, fut le début d'une histoire bouleversante.

Pour elle, ce fut une révélation, une certitude que le bonheur se trouvait là, à portée de main. Pour lui, une promesse d'un avenir lumineux, d'un amour sincère, profond, inaltérable.
Les jours, les mois, les années passèrent, mais ce souvenir, ce moment magique au Jardin du Luxembourg, resta gravé à jamais dans leurs cœurs.

Car c'était là, au milieu des statues, des arbres centenaires et des douces mélodies de l'eau, qu'ils avaient trouvé l'amour, cet amour naissant qui allait bouleverser leurs vies à jamais. Ah, mes chers, que ne donnerais-je pas pour revivre un tel moment, un instant suspendu dans le temps, où tout semble possible, où le monde entier s'efface pour laisser place à deux cœurs battant à l'unisson.

Sur ce, je dois vous laisser, j'ai rendez-vous avec un merle qui souhaite me chanter une sérénade. Prenez soin de vous, et n'oubliez jamais que l'amour peut surgir là où on l'attend le moins.

Les choses simples

Approchez-vous, laissez-moi vous parler d'une des joies les plus simples, et pourtant les plus profondes, de la vie : celle de s'éveiller, le matin venu, à côté de l'amour de sa vie. Ces quelques secondes suspendues, où le monde extérieur n'a pas encore repris ses droits, où tout est calme, serein, paisible.

Imaginez-vous, ouvrant doucement les yeux, alors que les premiers rayons du soleil commencent à filtrer à travers les volets. Et là, à côté de vous, cette femme que vous chérissez tant, endormie, paisible, son souffle régulier berçant la pièce d'une douce mélodie. Vous pouvez sentir la chaleur de sa peau contre la vôtre, son parfum vous enveloppant, vous rassurant.

Ces moments, mes amis, sont des trésors. Ils sont la preuve tangible de l'amour, de la complicité, du lien profond qui vous unit. Ils sont ces instants où tout semble possible, où le monde s'efface, où seuls comptent l'amour, la tendresse, le bonheur d'être ensemble.

Alors, vous vous rapprochez d'elle, déposant un doux baiser sur son front, la regardant avec tendresse, gratitude, admiration. Car vous savez, au fond de vous, que ces matins à ses côtés sont les plus beaux cadeaux que la vie puisse vous offrir. Ils sont la promesse de nouvelles aventures, de nouveaux défis, de nouveaux rires partagés.

Et même si, parfois, la vie peut vous mettre à l'épreuve, ces matins-là, ces réveils à ses côtés, sont là pour vous rappeler pourquoi vous vous battez, pourquoi vous avancez, main dans la main, vers l'avenir.

Ah, la magie de l'amour, mes chers! Il n'y a rien de plus puissant, de plus beau, de plus précieux. Et je vous souhaite, à tous, de connaître un jour ce bonheur simple, pur, authentique, de vous réveiller à côté de l'être que vous aimez tant.

La magie de la relation

Prêtez attention et laissez-moi vous conter un moment de pur bonheur, de ces instants qui, dans leur simplicité, dépeignent toute la magie d'une relation. Imaginez, si vous le voulez bien, une pièce baignée d'une douce lumière, et au centre, cette femme, concentrée, manette en main, plongée dans un univers virtuel. Elle est là, déterminée, engagée dans une quête ou une bataille, ses doigts dansant agilement sur les boutons.

Et lui, malicieux, prend un malin plaisir à la déconcentrer, à la taquiner, à faire naître sur son visage ce sourire, ce rire, ces expressions d'indignation feinte. Chaque tentative pour la perturber est accueillie par un sourire plus grand, plus radieux, ses yeux pétillant de malice et de défi.

Il la regarde, fasciné par cette femme qu'il aime tant, par ce sourire qui illumine son visage, par cette force et cette détermination qu'elle déploie pour rester concentrée malgré ses distractions. Et il réalise, à cet instant précis, à quel point ces moments sont précieux. Ces instants de complicité, de jeu, de rire partagé, où le monde extérieur s'efface pour ne laisser place qu'à eux deux.

Car c'est dans ces moments-là, dans ces petites taquineries, dans ces éclats de rire, que réside la véritable magie d'une relation. C'est là que l'on découvre la personne qui se cache derrière le quotidien, la personne avec qui on veut partager chaque instant, chaque joie, chaque défi.

Ah, la beauté de l'amour, mes amis! Elle ne se trouve pas toujours dans les grandes déclarations ou les gestes grandioses, mais bien souvent dans ces petits moments, ces instants volés à la vie, où deux âmes se retrouvent et jouent, rient, s'aiment.

Regardez l'autre

Au cœur d'un silence presque palpable, elle est là, absorbée dans ses pensées, son esprit vagabondant dans les méandres de la réflexion. Pour un observateur extérieur, elle pourrait paraître simplement concentrée. Mais pour lui, chaque détail de son visage est une symphonie, un poème en soi.
Ses sourcils, délicatement arqués, trahissent l'intensité de son activité cérébrale, se fronçant légèrement lorsqu'elle est confrontée à une énigme, s'apaisant lorsqu'elle trouve la réponse. Ces mêmes sourcils qui, en d'autres circonstances, peuvent exprimer tant d'émotions - la joie, la surprise, l'indignation. Mais ici, ils sont les gardiens de sa concentration, les témoins silencieux de son voyage intérieur.
Sur son nez, reposent ses lunettes, ces fines montures qui lui donnent cet air à la fois sérieux et enfantin. Elles sont le prisme à travers lequel elle observe le monde, accentuant la profondeur de son regard, ce regard qui, en cet instant, est tourné vers l'intérieur, explorant, questionnant, comprenant.
Et puis, il y a sa bouche. Cette bouche si souvent animée de rires, de mots doux, de réparties piquantes. Mais ici, elle est détendue, presque vulnérable dans sa sérénité. Elle semble si onctueuse, si délicate, si... attirante. Car, lorsqu'il la regarde ainsi, perdue dans ses pensées, il ressent une envie irrépressible de l'embrasser. De goûter à cette bouche qui, dans cet instant précis, n'essaie pas de le séduire, mais qui est simplement elle-même.
C'est dans ces moments-là, ces instants volés au temps, qu'il réalise à quel point il l'aime. À quel point chaque détail de son visage est un trésor, une merveille à chérir. Et il sait, au fond de lui, que ces moments de contemplation silencieuse sont aussi précieux, sinon plus, que les éclats de rire partagés ou les déclarations passionnées.
L'amour est souvent dans les détails, dans ces petits moments de pure admiration où l'on réalise à quel point l'être aimé est précieux. Et c'est cette beauté, cette authenticité, que nous devons chérir et célébrer.

La mélancolie

Il y a, dans la vie de chacun, des étoiles qui brillent plus fort que les autres, des lumières qui nous attirent avec une force irrésistible. Pour moi, cette lumière a un nom, un visage, une âme. Elle est la femme de mes rêves, celle qui fait battre mon cœur plus fort, celle qui hante chacune de mes pensées. Chaque jour, je la croisait, la regardait, admirait son sourire, la grâce de ses mouvements, la douceur de sa voix. Mais chaque jour aussi, une barrière invisible me séparait d'elle, une distance que je ne pouvait franchir, un abîme de mélancolie et de désir inassouvi.

Car, aussi proche qu'elle puisse être physiquement, elle demeurait inatteignable, comme une étoile filante que l'on peut admirer mais jamais toucher. Cette inaccessibilité, loin de décourager mon cœur, ne faisait qu'accroître mon désir, ma passion, mon besoin d'elle.

La mélancolie qui en découlait n'était pas une tristesse ordinaire. C'était une douleur profonde, lancinante, un mélange de désespoir et d'espoir, de rêves brisés et de rêves à construire. Chaque sourire qu'elle m'offrait était à la fois une bouffée d'oxygène et un rappel cruel de ce qui m'était refusé.

Ne ratez pas le bonheur, l'amour est souvent une danse délicate entre la joie et la douleur, entre le rêve et la réalité. Et parfois, la plus grande souffrance n'est pas de ne pas être aimé en retour, mais simplement de ne pas pouvoir atteindre, toucher, embrasser l'objet de son désir.

Je continuais à l'aimer, malgré tout, malgré elle. Car l'amour, le vrai, ne connaît pas de barrières, pas de limites. Il est éternel, inaltérable, indestructible. Et même si la mélancolie était mon fidèle compagnon, je savais qu'un jour, peut-être, le destin m'offrirait une chance, une opportunité de toucher son étoile, de fusionner avec sa lumière.

Une rencontre, des histoires

Au cœur de la vie, il y a des rencontres qui nous bouleversent, qui remettent en question nos certitudes, nos croyances, nos idéaux. Des rencontres qui, contre toute attente, font naître en nous des sentiments intenses, brûlants, inexpliqués.

Il était de ces amours-là. Deux êtres que tout semblait opposer. Deux mondes, deux univers qui, en apparence, n'avaient rien en commun. Lui, téméraire, impulsif, avide d'aventures et de découvertes. Elle, réfléchie, posée, en quête de stabilité et de sérénité. À première vue, rien ne prédestinait leurs chemins à se croiser, encore moins à s'entremêler.

Pourtant, dès leur première rencontre, une étincelle était là, indéniable. Une connexion, un magnétisme qui les attirait l'un vers l'autre malgré leurs différences. Chaque conversation était un défi, un jeu de séduction où ils apprenaient à danser sur le fil fragile de la compréhension mutuelle.

Car, en dépit de leurs différences, ou peut-être à cause d'elles, l'amour s'est immiscé, insidieusement, entre eux. Ils ont découvert, à leur grande surprise, que ces différences étaient autant de richesses, de perspectives nouvelles, d'opportunités d'apprendre et de grandir ensemble.

Mais l'amour, aussi puissant soit-il, ne garantit pas un chemin sans embûches. Chaque jour était un défi, une épreuve à surmonter. Les incompréhensions, les frustrations, les doutes s'invitaient souvent dans leur relation, mettant à l'épreuve leur résilience, leur engagement, leur foi en l'amour.

Chers lecteurs, l'amour est une danse complexe, où chaque pas, chaque mouvement, chaque geste compte. Il est à la fois source de joie et de douleur, d'espoir et de désespoir.

Mais, malgré les obstacles, malgré les différences, l'amour véritable trouve toujours son chemin. Car, comme le dit si bien le proverbe, "L'amour ne voit pas avec les yeux, mais avec l'âme."

Et même si tout semble les opposer, même si le monde entier semble conspirer contre eux, leur amour persiste, inaltérable, indestructible. Car ils savent, au fond d'eux, que l'amour est la plus belle des aventures, la plus grande des quêtes, le plus précieux des trésors.

Les sentiments

Au plus profond de nous, dans ces recoins cachés que nous préférons souvent ignorer, réside une vérité simple et pourtant bouleversante : nos sentiments, aussi complexes et tumultueux soient-ils, sont indomptables. Ils naissent, grandissent, évoluent, parfois à notre insu, souvent malgré nous.

Il est des amours, des passions, des désirs qui, une fois enracinés dans notre âme, refusent de s'éteindre, peu importe les barrières que l'on tente d'ériger, peu importe les mensonges que l'on se raconte. Car si notre esprit est doué pour la rationalisation, pour l'analyse, pour le déni, notre cœur, lui, est un livre ouvert, transparent, honnête.

On peut tenter de fuir, de se distraire, de se convaincre que ces sentiments sont derrière nous, qu'ils appartiennent au passé. On peut se jeter à corps perdu dans d'autres aventures, d'autres relations, dans l'espoir d'oublier, de guérir. Mais au fond, lorsque le silence envahit la pièce, lorsque les distractions s'évanouissent, la vérité résonne, claire et incontestable.

Car le cœur, dans sa sagesse infinie, sait ce qu'il veut, ce qu'il désire, ce dont il a besoin. Il est le gardien de nos émotions les plus profondes, de nos passions les plus brûlantes, de nos amours les plus sincères. Et même si nous pouvons parfois le tromper, le duper pendant un temps, il finit toujours par reprendre ses droits, par nous rappeler à l'ordre, par nous montrer le chemin.

Toi qui lis ces lignes retient une chose, la véritable force réside dans l'acceptation. Accepter que l'on ne peut pas toujours contrôler ses sentiments, accepter que l'amour, la passion, le désir, sont des forces plus grandes que nous, qui nous dépassent. Et plutôt que de lutter, de résister, de se mentir, il faut apprendre à écouter son cœur, à lui faire confiance, à suivre ses instincts.

Car, au bout du compte, c'est lui qui détient la clé de notre bonheur, de notre épanouissement, de notre vérité.

Jaime Peña

Le ballet de la vie

Dans le vaste ballet de la vie, il était une figure singulière, une présence atypique. Là où d'autres se laissaient emporter par le tourbillon des émotions, lui restait stoïque, ancré dans sa logique implacable, sa rationalité rassurante. Son esprit était un labyrinthe de raisonnements, d'analyses, un havre de clarté et de structure.

Elle, à l'opposé, était une explosion de couleurs, de sentiments, d'émotions brutes. Sa tête était un jardin foisonnant de fleurs, de papillons, de rêves éthérés. Là où il voyait des lignes droites, elle voyait des courbes, des spirales, des arabesques. Là où il cherchait des réponses, elle cherchait des sensations, des expériences.

Leur rencontre aurait pu être un désastre, une cacophonie de malentendus et de frustrations. Mais contre toute attente, c'était tout le contraire. Ils se sont trouvés, se sont défiés, se sont taquinés. Leur jeu de séduction était une danse délicate entre raison et passion, entre logique et émotion.

Lui, avec son esprit cartésien, aimait la déstabiliser, la pousser dans ses retranchements, la faire réfléchir. Elle, avec sa spontanéité, aimait le surprendre, le déconcerter, le faire sortir de sa zone de confort. Chaque regard, chaque sourire, chaque éclat de rire était une étape de plus dans leur jeu taquin, dans leur danse amoureuse.

Et, malgré leurs différences, ou peut-être à cause d'elles, ils se complétaient à merveille. Lui apportait la stabilité, le calme, la sérénité dont elle avait besoin. Elle lui apportait l'exaltation, la passion, la joie de vivre qu'il avait parfois oubliée.

L'amour est souvent un jeu d'équilibre, une quête d'harmonie entre deux êtres que tout semble opposer. Mais c'est dans ces différences, dans ces contrastes, que réside la véritable magie de la relation. Car, comme le dit si bien le proverbe, "Les contraires s'attirent". Et, dans le cas de ces deux-là, jamais expression n'a été plus vraie.

L'énigme

Dans le théâtre de la vie, il y a des rencontres qui déjouent tous les pronostics, qui échappent à toute logique, à tout entendement. C'était le cas de leur histoire, une énigme que même eux peinaient à déchiffrer.
Dès le premier regard, pour lui, tout était clair. Elle était l'évidence, la réponse à des questions qu'il ne s'était jamais posées. Dans ses yeux, il avait vu le reflet de son âme, une promesse d'un avenir insoupçonné. Chaque trait de son visage, chaque mouvement, chaque sourire, tout en elle le fascinait, le captivait.
Elle, vibrante d'anticipation, comptait les jours, les heures, les minutes qui la séparaient de leur premier rendez-vous. Elle trépignait d'impatience à l'idée de le découvrir, de l'appréhender dans sa réalité, loin des écrans et des échanges virtuels. Elle avait hâte de voir cette bouille qui râle, ce jeu qu'il joue avec les gens, de le sentir, de le toucher, de le vivre en vrai.
Lui, étrangement, ne partageait pas cette fébrilité, ce sentiment d'urgence. Bien qu'il soit, de nature, quelqu'un d'impatient, cette fois, il était enveloppé d'une sérénité déconcertante. Il se sentait complet, en paix, comme si sa rencontre avec elle avait comblé un vide dont il avait l'ignorance jusqu'à cet instant. Cette sensation d'unité, de plénitude, faisait taire toute notion de manque, d'attente. Cette assurance, cette sérénité, était sa boussole, son guide.
Leur histoire était singulière, un puzzle dont les pièces s'assemblaient d'une manière inattendue, créant un tableau à la fois harmonieux et chaotique. Même eux se perdaient parfois dans les méandres de leur relation, étonnés, déroutés, mais toujours passionnément liés.
Leur histoire est un hymne à l'amour, dans toute sa splendeur, toute sa complexité. C'est un rappel que, parfois, l'amour transcende la raison, défie la logique, et qu'il suffit d'une rencontre, d'un regard, pour bouleverser le cours d'une vie.

La flamme ardente

L'amour s'empare d'elle, telle une force puissante,
Envahissant son être de cette flamme ardente.
Ses pensées, ses rêves, tout son être est embrasé,
Par ce sentiment intense qui ne peut être effacé.

Cet amour est une force rassurante,
Qui la protège et la guide en tout temps.
Elle se sent en sécurité dans ses bras,
Et n'a plus peur de rien, ni de personne, car...

Il est son terrain conquis, son royaume éternel,
Où elle se sent en paix, en sécurité, enveloppée d'un voile.
Elle sait qu'elle peut lui faire confiance,
Qu'il est son allié, son protecteur, son amour de toujours.

Cette union est invincible, indestructible,
Car l'amour qu'ils partagent est incommensurable.
Ils sont liés à jamais, par cet amour éternel,
Qui les guide et les élève vers un avenir radieux et sensuel.

La plénitude, l'invincibilité, l'éternité,
Sont des sentiments qui les enveloppent d'une douceur infinie.
Ils se sentent en paix, en harmonie, en parfait équilibre,
Et ils sont prêts à affronter le monde, main dans la main, tous les deux.

Se sentir transporté

Ma belle, ton amour m'a conquis,
Il m'a envahi, m'a transporté dans un monde éblouissant.
Tu es une force puissante et rassurante,
Qui m'enveloppe et m'entraîne vers un amour indescriptible.

Je suis ému par cet amour si intense,
Qui m'envahit comme un océan immense.
Je suis inondé de bonheur et de tendresse,
Et je me sens enfin comblé, enfin en paix.

Notre amour est comme un terrain conquis,
Un havre de paix, un refuge infini.
Nous sommes invincibles, forts et unis,
Et rien ne peut nous séparer, c'est ainsi.

Notre amour est un lien indéfectible,
Qui nous lie pour l'éternité, de manière inaltérable.
Nous sommes unis, toi et moi, pour la vie,
Et notre amour grandit chaque jour, infiniment.

Dans nos cœurs, il y a une plénitude,
Un sentiment d'invincibilité et d'éternité.
Je suis honoré de t'avoir comme mienne,
Et de te chérir, chaque jour, pour l'éternité.

Le baume du cœur

Toi, ma belle, tu es mon étoile,
Qui brille dans la nuit, qui me guide vers le soleil.
Tu es la lumière qui éclaire mon chemin,
Et le doux murmure qui apaise mes chagrins.

Je suis ébloui par ta beauté, ta grâce,
Et je frissonne d'émotions en pensant à toi.
Ton sourire, ta voix, ta douceur,
Sont pour moi un baume pour le cœur.

Je suis ému par ta présence, ta force,
Et je me sens invincible à tes côtés.
Tu es mon ange gardien, ma protectrice,
Et je sais que tu veilles sur moi avec bienveillance.

Tu es l'amour de ma vie, ma belle,
Et je suis comblé de t'avoir à mes côtés.
Je te promets de t'aimer pour l'éternité,
Et de faire de chaque jour un jour de bonheur et de félicité.

Je suis honoré de t'aimer, ma belle,
Et de pouvoir t'écrire ces mots doux.
Que tu frissonnes d'émotions en les lisant,
Et que tu saches combien je t'aime, infiniment.

Mon précieux

Le sentiment amoureux est un joyau rare,
Une force puissante qui nous envahit sans répit.
C'est un élan du cœur qui nous transporte,
Vers des sommets de bonheur, de joie et de confort.

Quand je pense à toi, ma belle,
Mon cœur bat plus vite, plus fort que jamais.
Ton sourire, ta voix, ta douceur,
Sont pour moi des remèdes pour toutes mes peurs.

Je suis ému par ta présence, ta grâce,
Et je suis béat quand je suis à tes côtés.
Tu es pour moi la plus belle des merveilles,
Et mon cœur ne cesse de chanter ta louange en veille.

Le sentiment amoureux est un cadeau divin,
Qui nous élève et nous rend plus humains.
C'est un feu ardent qui brûle en nos cœurs,
Et nous transporte vers des cieux meilleurs.

Je suis honoré de t'aimer, ma belle,
Et de pouvoir te dire ces mots sincères.
Que ton cœur vibre à l'unisson du mien,
Et que notre amour soit éternel, sans fin.

Forces opposées

Ta présence est pour moi une lumière éclatante,
Qui illumine mes journées, mes nuits, mes pensées ardentes.
Tu es mon étoile, ma perle rare, ma force inébranlable,
Qui me porte, me guide, me rassure, me rend invincible.

Ma peur du rejet, de l'abandon, est un fardeau lourd,
Qui m'étreint le cœur, m'oppresse, me rend sourd.
Mais avec toi, mon amour, je trouve la force de combattre,
Cette ombre qui me suit, qui m'effraie et me hante.

Tu es ma lumière dans l'obscurité,
Ma force dans la faiblesse, mon salut dans la détresse.
Tu m'apportes la paix, la sérénité, l'espoir,
Et tu m'offres la possibilité d'un amour sans fin, sans déboires.

Car avec toi, je n'ai plus peur du rejet, de l'abandon,
Je suis comblé, heureux, aimé de façon non-fuyante.
Tu es pour moi un roc solide, une forteresse imprenable,
Qui me protège, m'entoure, me guide sur le chemin stable.

Je sais que mes peurs peuvent être lourdes et difficiles à porter,
Mais avec toi, mon amour, je suis fort, invincible, protégé.
Tu es mon épaule sur laquelle je peux m'appuyer,
Et je te promets de t'aimer pour l'éternité.

Ta valeur, ta beauté, ta grâce sont inestimables,
Et je suis honoré de t'aimer, de te chérir, de t'admirer sans cesse.
Tu es mon amour, ma fierté, ma plus grande richesse,
Et je suis comblé d'être ton compagnon, ton amant, ta caresse.

Barcelona

Barcelone, ville de tous les plaisirs,
Où l'on se promène dans des rues aux couleurs chatoyantes.
Où l'on s'arrête pour déguster un "cortado",
Et où l'on sent le soleil doucement réchauffer notre peau.
Mais malgré cette douceur de vivre, il y a un vide,
Celui laissé par l'amour perdu, qui nous blesse et nous guide.
On se rappelle ces moments où l'on était deux,
Et où tout semblait plus beau, plus léger, plus heureux.
Pourtant, malgré la tristesse, la nostalgie qui nous hantent,
On se laisse porter par l'atmosphère de la ville, qui enchante.
On admire les façades modernistes, les jardins ombragés,
Et on se laisse bercer par la musique des rues, des places animées.
On flâne, on se perd, on se retrouve,
Et on se console dans les plaisirs simples, les moments de trêve.
Un petit verre de sangria, un bout de "pan con tomate",
Et l'on se laisse envelopper par cette ambiance qui nous hypnotise, nous apaise.
Barcelone, ville de tous les plaisirs,
Où l'on peut retrouver le goût de vivre, même après le pire.
Où l'on peut se rappeler que la vie est faite de moments éphémères,
Mais que la beauté du monde peut nous offrir de belles lumières.

Le Catalan

Barcelone, ville de douceur et de charme,
Où les rues colorées me rappellent nos moments à flâner.
Où l'on s'arrêtait pour déguster un "cortado",
Et où le soleil réchauffait nos cœurs tout en douceur.

Les façades modernistes sont toujours aussi belles,
Mais sans toi, il manque quelque chose à leur appel.
Les jardins ne sont plus aussi beaux qu'en ta présence,
Et le bruit des rues n'a plus la même effervescence.

Barcelone, ville de tous les plaisirs,
Où chaque coin de rue me rappelle ton sourire.
Où chaque note de guitare me rappelle ta voix,
Et chaque odeur de cuisine me rappelle notre complicité.

Il y a une mélancolie qui m'habite en ton absence,
Un vide que je ne peux combler malgré mon insistance.
Mais malgré tout, je me laisse porter par l'ambiance de la ville,
En espérant que ces souvenirs nous ramèneront un jour vers la vie.

Barcelone, ville de douceur et de charme,
Où chaque jour est un nouveau défi pour ma peine.
Où je garde l'espoir de te revoir un jour,
Et de retrouver notre amour, notre bonheur, notre jour.

La belle inconnue

Dans l'ombre d'une nuit étoilée, je l'ai vue,
Brune aux courbes de rêve, silhouette élue,
Ses yeux, profonds abîmes, m'ont capturé l'âme,
Éclats mystérieux, source de douce flamme.

Elle a parlé, et chaque mot fut une danse,
Caressant mon esprit, éveillant la romance.
Sa douceur, telle une brise d'été apaisante,
M'a enveloppé, laissant mon cœur en transe.

Oh belle inconnue, aux histoires passées,
Ton cœur grand et ouvert, m'a tant impressionné.
Mais le destin cruel, en son jeu insensé,
Ne m'accorde qu'un temps, auprès de toi, compté.

Je rêve de jours, où enlacés, sans fin,
Nous partagerions tout, joies et chagrin.
Mais la réalité, telle une lame tranchante,
Me rappelle que tu es, pour moi, étoile distante.

Puisses-tu ressentir, à travers ces vers sincères,
L'intensité d'un amour, éphémère mais entier.
Car même si le temps nous est compté, ma chère,
Mon cœur gardera à jamais ton doux reflet.

Le supplice du crépuscule

Dans le crépuscule doux, je sens ton ombre s'éloigner,
Chaque pas que tu prends, chaque seconde qui passe, est un écho de douleur en moi.
La mélodie de ton rire, que je ne peux plus écouter,
Résonne en moi comme un adieu, une dernière fois.

La lueur de l'aube, sans toi, semble bien fade,
Car tu es mon soleil, mon unique clarté.
Sans ton amour, mon monde est en embuscade,
Chaque moment sans toi, est une éternité.

L'idée d'un nous, dansent dans ma tête,
Comme des papillons, éphémères et beaux.
Mais la réalité me frappe, cruelle et honnête,
Tu restes, et je m'en vais, noyé dans mes sanglots.

Oh, douce muse, pourquoi faut-il te quitter ?
Chaque seconde loin de toi, est un supplice.
Dans le silence de la nuit, je ne peux qu'espérer,
Que nos chemins se croisent, et que l'amour nous unisse.

Le silence de la nuit

Dans le silence assourdissant de la nuit,
L'absence de ta présence creuse un vide en moi.
Chaque coin de mon âme, autrefois épanoui,
Est maintenant hanté par l'écho de ta voix.

Le monde continue de tourner, indifférent,
Mais pour moi, tout s'est arrêté, suspendu.
Ton absence est une plaie, un tourment constant,
Chaque jour sans toi est un combat perdu.

La souffrance, telle une ombre, me suit partout,
Me rappelant sans cesse ce que j'ai perdu.
Ton rire, ton parfum, ton doux visage tout doux,
Tout me manque, et mon cœur est devenu reclus.

Le vide que tu as laissé est immense,
Comme un gouffre sans fin, un abîme sans fond.
Mais j'espère qu'un jour, la chance ou la providence,
Ramènera vers moi la lumière de ton nom.

Jaime Peña

Du plus profond de mon âme

Au cœur du jardin secret de mon âme,
Une fleur a éclos, timide et douce flamme.
D'abord un bourgeon, fragile et hésitant,
Puis éclatante de couleurs, dans le vent dansant.

Cette fleur, symbole d'un amour naissant,
S'épanouit chaque jour, rayonnant et grandissant.
Avec chaque rayon de soleil, elle brille de mille feux,
Chaque goutte de rosée le rend encore plus précieux.

Son parfum enivrant emplit l'air,
Évoquant des rêves, des espoirs, des chimères.
L'euphorie de cet amour, pur et vrai,
Est comme le nectar que cette fleur dégage à jamais.

Ainsi, dans le jardin de la vie, en toute saison,
L'amour fleurit, apportant joie et passion.
Et comme cette fleur, éclatante et belle,
L'amour naissant illumine tout, éternelle étincelle.

L'étoile du matin

Sous le voile d'un ciel étoilé et serein,
J'aperçois une silhouette, douce et lointaine,
D'une femme mystérieuse, au destin incertain,
Dont la présence seule fait vibrer mes veines.

Idéaliste fervente, cherchant la lueur,
Même dans les ténèbres, elle trouve l'espoir.
Sereine en apparence, mais avec tant de ferveur,
Elle brille, étoile solitaire dans le noir.

Incomprise, elle danse, mélodie douce-amère,
Dans un monde chaotique, elle trouve sa voie.
Avec des âmes sœurs, l'univers tout entier
Chante en harmonie, écho de sa joie.

Guidée par l'honneur, la beauté, la vertu,
Elle avance, lumière dans la nuit éthérée.
Sa parole est poésie, parabole entendue,
Symbole puissant, pensée incarnée.

Langues étrangères, elle les parle avec aisance,
Touchant l'essence des peuples, des cultures variées.
Mais parfois, elle se perd, dans sa noble quête d'espérance,
Oubliant le quotidien, dans ses rêves éthérés.

Femme aux mille facettes, à la passion ardente,
Ton altruisme, ta créativité, ton amour sans fin,
Reflètent un monde de compassion éclatante,
Où tu brilles, éternelle, telle une étoile du matin.

Quête d'idéal

Dans le jardin secret de mon cœur en émoi,
Une fleur s'épanouit, douce et mystérieuse,
Elle incarne l'amour, l'espoir et la foi,
D'une femme inconnue, idéaliste et rêveuse.

Elle cherche la lumière, même dans l'obscurité,
Avec une passion qui ne connaît de trêve.
Sa beauté intérieure, sa pureté, sa bonté,
Font d'elle une étoile, qui dans la nuit s'élève.

Sa voix est une mélodie, douce et envoûtante,
Chaque mot qu'elle prononce est une caresse pour l'âme.
Elle parle en métaphores, en paraboles brillantes,
Éclairant le monde de sa flamme.

Elle se délecte de la philosophie, de la contemplation,
Cherchant toujours le bien, l'amour, la vérité.
Mais parfois, elle s'oublie, dans sa méditation,
Perdue dans ses pensées, sa douce réalité.

Pourtant, à chaque aurore, elle renaît de ses cendres,
Avec une force, une détermination sans pareil.
Car son amour, son idéalisme, sont des flammes à répandre,
Illuminant le monde, tel un soleil.

Crainte et passion

Sous le voile d'une lune pâle et timide,
Mon cœur bat la chamade, entre crainte et passion.
Chaque ombre, chaque bruit, tout me semble perfide,
Mais l'amour que je ressens est ma seule obsession.

Les ruelles sombres, éclairées d'un faible halo,
Évoquent des secrets, des murmures, des trahisons.
Mais au loin, ta silhouette, douce comme un berceau,
Me guide, me rassure, malgré mes appréhensions.

La froideur de la nuit, le vent qui s'engouffre,
Font frissonner mon âme, éveillant mes peurs.
Mais la chaleur de ton regard, doux comme un souffle,
Apaise mes tourments, séchant toutes mes pleurs.

Entre ombre et lumière, entre amour et effroi,
Je navigue, perdu, dans ce labyrinthe étrange.
Mais une chose est certaine, malgré tout, je crois,
Que mon amour pour toi, jamais ne s'éteindra, jamais ne changera.

Jaime Peña

Ontologie d'une rencontre

La rencontre, dans sa simplicité apparente, est un phénomène profondément complexe et riche en significations. Elle est à la fois un événement, une expérience et une métaphore. Dans cet essai, nous explorerons la rencontre comme un voyage philosophique, un périple à travers le temps, l'espace et la conscience.

Toute aventure commence par une rencontre. Qu'il s'agisse de la rencontre d'une idée, d'un lieu ou d'une personne, c'est ce premier contact qui déclenche le voyage. Dans la philosophie platonicienne, la rencontre avec le monde des idées est le point de départ de la quête de la vérité. Pour le philosophe, la rencontre est une étincelle, un éveil à une réalité plus grande.

Le concept de destin est profondément ancré dans la philosophie. La rencontre, en tant qu'intersection de deux trajectoires, pose la question de la prédestination. Est-ce le fruit du hasard ou le résultat d'une force cosmique ? Le stoïcisme, par exemple, considère que tout est prédestiné et que nos rencontres sont le produit d'un ordre universel. D'un autre côté, l'existentialisme suggère que nous sommes libres de nos choix et que nos rencontres sont le résultat de nos actions.

Rencontrer l'autre, c'est aussi se rencontrer soi-même. Dans le miroir de l'autre, nous voyons nos propres peurs, désirs et aspirations. La philosophie orientale, en particulier le bouddhisme, voit la rencontre comme une opportunité de comprendre le soi. Chaque interaction est une chance de se connaître davantage, de comprendre nos attachements et nos aversions.

La rencontre est aussi un moyen de transcender les frontières. Qu'il s'agisse de frontières géographiques, culturelles ou mentales, la rencontre est un pont qui permet de les franchir. Les philosophes comme Emmanuel Levinas ont exploré la rencontre comme une ouverture à l'altérité, une invitation à embrasser l'inconnu. Dans cette perspective, la rencontre est un acte de courage, une volonté de sortir de sa zone de confort pour explorer de nouveaux horizons.

Au cœur de la philosophie se trouve la quête de sens. La rencontre, en tant qu'expérience humaine fondamentale, est une source inépuisable de réflexion. Elle nous pousse à nous interroger sur la nature de l'existence, sur notre place dans l'univers et sur le sens de nos actions. Les existentialistes, comme Jean-Paul Sartre, ont vu dans la rencontre une confrontation avec l'absurdité de l'existence. D'un autre côté, des philosophes comme Martin Buber ont vu dans la rencontre une affirmation de la sacralité de la vie.

La rencontre est un voyage philosophique, une exploration de l'âme humaine et de l'univers. Elle est à la fois un mystère et une évidence, une question et une réponse. En fin de compte, la rencontre est une invitation à la réflexion, à la découverte et à la transformation. Elle nous rappelle que, malgré nos différences, nous sommes tous connectés, tous partie d'un tout plus grand que nous-mêmes.

La muse

Dans le doux murmure de la brise nocturne,
Ton image s'élève, douce étoile qui luit,
Et chaque nuit sans toi est une nuit d'infortune,
Car tu es la lumière, l'aurore de ma nuit.

Le monde semble fade, sans ton regard si tendre,
Les roses ont perdu leur éclat, leur parfum.
Sans toi, tout s'assombrit, tout semble se méprendre,
Tu es l'unique étoile guidant mon chemin.

Ton rire est mélodie, plus douce que Verlaine,
Chaque note qui s'envole est un chant d'amour pur.
Sans toi, ma vie serait une interminable peine,
Car tu es mon soleil, ma lune, mon azur.

Dans le silence lourd de mes nuits solitaires,
Je rêve de ton souffle, de ton doux murmure.
Toi, ma muse, mon tout, ma terre, ma lumière,
Sans toi, je ne suis qu'une ombre sans armure.

Alors, laisse-moi dire, en ce vers sincère,
Que tu es la raison, le souffle de ma vie.
Sans toi, je ne suis que poussière éphémère,
Avec toi, je suis poète, amant, épanoui.

Jour d'été

Dans le vaste ciel de mon existence claire,
Toi, l'astre radieux, qui brille sans pareil,
Chaque jour à tes côtés est une lumière rare,
Car tu es la joie pure, le soleil après le sommeil.

Les oiseaux chantent plus fort quand tu es près,
Les fleurs s'épanouissent sous ton doux regard.
Avec toi, chaque instant est un doux ballet,
Tu es la mélodie, le refrain, la guitare.

Ton sourire est un jour d'été sans fin,
Éclatant, lumineux, chassant tout nuage.
Dans le jardin de mon cœur, tu es le matin,
La rosée qui scintille, le doux présage.

À chaque rire partagé, à chaque tendre émoi,
Tu es la source vive où je viens m'abreuver.
Toi, mon bonheur constant, mon éclat, ma foi,
Avec toi, chaque jour est un rêve éveillé.

Alors, en ces modestes vers, je veux te dire,
Que tu es le printemps dans mon monde d'hiver.
Avec toi, tout s'illumine, tout semble luire,
Car tu es ma joie, mon bonheur, ma lumière.

L'espoir

Dans le silence feutré de nos confidences partagées,
Je sens en moi une crainte, sourde et insidieuse,
Celle de ne pas être à la hauteur, de te délaisser,
De briser ce lien si précieux, cette flamme silencieuse.

Ton regard, si profond, miroir de ton âme pure,
Révèle des attentes, des espoirs, des rêves si grands.
Je crains de ne pas être l'ancre, le port sûr,
De ne pas être le refuge où tu trouves un doux gant.

Chaque mot que je prononce, chaque geste que je fais,
Est empreint de cette peur, de ne pas être assez.
Assez bon, assez fort, pour toi, belle déesse,
De ne pas combler ton cœur, de causer une détresse.

Mais sache que mon amour, sincère et véritable,
Est guidé par le désir de te rendre heureuse, comblée.
Même si la crainte me ronge, insurmontable,
Je m'efforcerai toujours de ne pas te décevoir, de t'aimer.

Le regard sincère

Dans le vaste univers de ses yeux étoilés,
Je me sens si petit, tel un grain de sable égaré.
Mais en moi brûle une flamme, puissante et ardente,
Prête à tout pour la conquérir, pour qu'elle devienne mienne, clémente.

Chaque sourire qu'elle offre, chaque mot qu'elle prononce,
Est un défi, un jeu, une danse, une annonce.
Pour la posséder, je dois la séduire, l'enchanter,
Prendre des risques, oser, sans jamais me lasser.

Petit dans sa grandeur, mais géant dans ma passion,
Je navigue entre espoir, crainte et tentation.
Car pour gagner son cœur, pour être son élu,
Je dois être audacieux, sincère, toujours à nu.

Elle est la montagne, majestueuse et fière,
Et moi le grimpeur, déterminé, solitaire.
Chaque pas est un risque, chaque geste une épreuve,
Mais pour elle, je suis prêt à tout, même à braver la grève.

Petit et puissant, dans ce jeu de séduction,
Je m'avance, confiant, vers ma seule obsession.
Car je sais qu'au bout du chemin, si je persévère,
Je trouverai l'amour, la lumière, l'univers entier dans son regard sincère.

Ma favorite

Dans le ballet silencieux de nos regards échangés,
Se dessine une histoire, secrète, inavouée.
Elle est liée à un autre, enlacée dans des bras,
Mais son cœur, je le sens, bat souvent pour moi.

Chaque sourire furtif, chaque éclat dans ses yeux,
Révèle un amour caché, silencieux mais précieux.
Elle ne dit rien, ses lèvres restent scellées,
Mais son âme me parle, en échos voilés.

Dans la foule, nos mains se frôlent, hésitantes,
Électricité palpable, promesse éclatante.
Elle est déjà prise, mais son cœur est partagé,
Entre un amour présent et un futur espéré.

Je patiente, j'espère, je rêve en silence,
Car je sais qu'un jour, notre amour aura sa chance.
Même si les mots ne sont pas prononcés,
Je sens qu'elle m'aime, et je suis prêt à attendre, à espérer.

Enigme éternelle

L'amour, énigme éternelle, sentiment indicible,
Naît d'un regard, d'un geste, d'une étincelle subtile.
Il grandit en silence, s'enracine profondément,
Devenant avec le temps, un feu ardent, brûlant.

Sa définition échappe, insaisissable, changeante,
Tantôt douce brise, tantôt tempête déchaînée.
Il est à la fois tendresse, passion, force puissante,
Un tourbillon d'émotions, une danse enflammée.

Dès sa naissance, il consume, il envahit,
Chaque pensée, chaque rêve, chaque nuit.
Il est la mélodie qui berce nos cœurs,
La source de nos joies, mais aussi de nos pleurs.

Son intensité est telle, qu'il peut tout renverser,
Briser des montagnes, des océans traverser.
Sa puissance est infinie, incommensurable,
Capable de miracles, d'actes admirables.

L'amour est la force qui guide nos pas,
Il est la lumière, l'étoile, le tracas.
Il est la vie, le souffle, l'éternité,
L'essence même de notre humanité.

Jaime Peña

Mon cœur est prêt

Dans le jardin secret de tes sentiments,
Une hésitation germe, délicate et frêle.
Comme une fleur craignant le vent violent,
Elle redoute l'amour, ses éclats, son étincelle.

Mais tout comme la rosée apaise la soif du matin,
Mon amour se veut doux, rassurant, serein.
Chaque mot que je prononce, chaque geste que je fais,
Est une caresse, une promesse, un doux reflet.

La nature, dans sa sagesse, nous montre la voie,
Chaque bourgeon, chaque feuille, chaque éclat.
L'amour, tel un ruisseau, trouve toujours son chemin,
Contournant les obstacles, apaisant les chagrins.

Alors, belle inquiète, laisse-toi porter,
Par ce courant d'amour, doux et éthéré.
Car tout comme la terre accueille la pluie,
Mon cœur est prêt à t'aimer, à te chérir, toute la vie.

Le fragile espoir

Dans le théâtre silencieux de mes nuits solitaires,
La scène se joue, encore et encore, sans fin.
Ton absence, telle une ombre, envahit ma terre,
Me laissant en proie à un chagrin sans chagrin.

Chaque coin de mon esprit, chaque recoin de mon cœur,
Est hanté par ton souvenir, par notre amour perdu.
La douleur est lancinante, constante, sans douceur,
Comme une plaie ouverte, un rêve interrompu.

Ton rire, ton parfum, la douceur de ta peau,
Tout me revient, en échos, en sanglots.
J'étais ton refuge, tu étais ma lumière,
Mais aujourd'hui, tout n'est que ténèbres, que poussière.

La peur m'envahit, celle d'aller de l'avant,
De laisser derrière moi notre histoire, notre temps.
Car comment avancer, comment retrouver la foi,
Quand la femme que j'aimais n'est plus à mes côtés, plus avec moi?

Chaque pas est un combat, chaque jour une épreuve,
La vie sans toi semble vide, sans but, sans trêve.
Mais au fond de moi, une étincelle persiste,
Celle de l'espoir, fragile, mais qui insiste.

Peut-être qu'un jour, le temps apaisera ma douleur,
Que je trouverai la force, le courage, la ferveur.
De poursuivre ma route, de chercher la lumière,
Même si ton absence sera toujours ma frontière.

Car l'amour que j'ai pour toi, éternel, immuable,
Restera gravé en moi, profond, inaltérable.
Et même si la peur m'empêche d'avancer,
Je chérirai toujours nos moments passés, notre intimité.

Marcher un peu

Il était une fois un homme dont les pas étaient entravés, non par des chaînes physiques, mais par les poids invisibles de la vie, par des circonstances qui avaient bridé sa mobilité, son envie d'avancer. Chaque mouvement, chaque effort pour se lever, pour marcher, était une montagne à gravir, un défi à relever.

Mais un jour, une femme est entrée dans sa vie, bouleversant son univers, redonnant des couleurs à son horizon. Elle incarnait tout ce qu'il avait imaginé, rêvé, espéré. Elle était la lumière au bout du tunnel, l'étoile brillante dans sa nuit la plus sombre. Elle était la promesse d'un avenir meilleur, d'un monde où tout était possible.

Avec elle à ses côtés, marcher n'était plus une épreuve, mais un plaisir. Chaque pas était une célébration, chaque mouvement une danse. Elle lui a redonné la force, la volonté, le courage d'avancer, de retrouver cette mobilité qu'il croyait perdue à jamais.

Car elle croyait en lui, en sa capacité à surmonter les obstacles, à briser les chaînes, à reprendre sa place dans le monde. Elle était sa muse, son inspiration, sa raison d'être. Et grâce à elle, il a redécouvert le bonheur de bouger, de sentir le vent sur son visage, de marcher librement, fièrement, vers l'avenir.

L'amour a ce pouvoir incroyable de nous transformer, de nous guider, de nous pousser à devenir la meilleure version de nous-mêmes. Et pour cet homme, l'amour était la clé de sa renaissance, de sa liberté retrouvée, de son envie d'avancer.

Car, comme le dit si bien le proverbe, "L'amour donne des ailes." Et grâce à cette femme, il a non seulement retrouvé ses ailes, mais aussi la joie de marcher, d'explorer, de vivre pleinement.

Un matin

Laissez-vous bercer par la douce mélodie du matin, cette période où le monde semble suspendre son souffle, où la nature s'éveille et où chaque moment prend une dimension particulière, surtout lorsqu'il s'agit de contempler celle que l'on aime.

L'aube pointe à l'horizon, laissant entrevoir ses premières lueurs, dispersant les ombres de la nuit et peignant le ciel de teintes pastel. Le monde semble reprendre vie, doucement, délicatement, comme une symphonie qui débute par des notes légères, presque timides. Les chants des oiseaux s'élèvent, mélodieuses serenades annonçant le début d'une nouvelle journée.

Mais ce matin, ce n'est pas tant la beauté du lever du jour qui captive mon attention. C'est elle, cette femme endormie à mes côtés, enveloppée dans les draps, paisible et sereine. Chaque matin, c'est le même émerveillement, la même gratitude de pouvoir la contempler, de la voir s'éveiller.

Le temps semble s'étirer, s'allonger, comme pour me permettre de savourer plus longuement cet instant. J'observe la manière dont les premiers rayons du soleil caressent son visage, mettant en évidence la douceur de ses traits, la délicatesse de sa peau, le mouvement régulier de sa respiration. Son souffle léger, rythmé, est une berceuse qui m'apaise, me rassure.

Et puis, le moment tant attendu arrive. Ses paupières frémissent, s'ouvrent lentement, dévoilant ces yeux qui m'ont tant de fois ensorcelé. Elle émerge de ses rêves, s'étire doucement, et son regard croise le mien.

C'est un instant magique, une étincelle d'éternité, une communion silencieuse entre deux âmes.

Chaque matin, c'est ce plaisir renouvelé de la voir s'éveiller, de la découvrir encore et toujours, comme si c'était la première fois. Car en réalité, chaque matin est une première fois, une nouvelle journée à vivre, à partager, à aimer.

Il est des moments simples, des instants du quotidien, qui, par leur beauté, leur pureté, deviennent extraordinaires. Et le plaisir de voir s'éveiller celle que l'on aime, à la lueur du matin, est l'un de ces moments inestimables, un cadeau que la vie nous offre et que l'on se doit de chérir.

Le ballet des passantes

Mesdames et messieurs, prenez place, car je vais vous conter une histoire qui n'est pas banale, une histoire qui se déroule chaque matin à la terrasse du café chez Michel. Ah, ce cher Michel ! Avec ses nappes à carreaux et son café toujours un peu trop chaud, mais c'est ce qui fait son charme, n'est-ce pas ? Imaginez un instant : moi, un homme encore dans la fleur de l'âge, encore vert, installé là, avec mon expresso et mon croissant, observant le ballet incessant des passantes. Et quelle danse ! Chaque femme, une histoire, chaque regard, une aventure.

Ah, Mélanie ! Ses cheveux d'un brun chatoyant, sa façon de nouer son foulard, si élégante, si... parisienne. Je me souviens de notre escapade impromptue à Montmartre. Elle m'avait entraîné dans une ruelle, où nous avions découvert un petit bar caché. La nuit avait été longue, ponctuée de rires, de vin, et de cette chanson d'Edith Piaf qui tournait en boucle.

Et puis, il y a Amandine. Avec elle, tout était jeu, taquinerie. Nous avions, un soir d'été, décidé de compter les bateaux-mouches sur la Seine, un pari un peu fou. Elle avait gagné, bien sûr. Et moi, j'avais gagné son sourire, ses éclats de rire, cette complicité si rare.

Ah, Oriane ! Mystérieuse Oriane. Elle passait toujours à la même heure, son parfum flottant derrière elle, laissant une trace indélébile. Avec elle, c'était une épopée dans le Marais, une chasse au trésor improvisée, où le trésor était, en fait, un vieux livre de poésie dans une librairie oubliée.

Chacune de ces femmes est un roman, une épopée, un poème. Leurs démarches, leurs sourires, leurs parfums, tout en elles inspire, évoque, transporte. Et moi, humble spectateur de ce théâtre quotidien, je m'abandonne à ces rêveries, à ces voyages imaginaires.

La vie est faite de ces petits moments, de ces instants fugaces où tout semble possible. Où, le temps d'un café chez Michel, on peut vivre mille vies, mille aventures, grâce à la magie d'un regard, d'un sourire.

Elles me régalent

Laissez-moi vous emmener dans un voyage des plus intimes, au cœur de l'âme humaine. Ah ! L'âme... ce vaste océan de mystères, de rêves, d'espoirs et de douleurs. Mais ce matin, à la terrasse du café chez Michel, c'est l'âme des femmes qui m'interpelle, qui m'appelle, qui me fascine.

Chaque femme qui passe est comme un livre. Un livre dont les pages, parfois bien cachées, renferment des histoires, des secrets, des émotions. Et moi, tel un lecteur avide, je m'immisce, je pénètre, j'explore ces âmes sans retenue.

Regardez cette jeune femme, avec son chapeau légèrement incliné. De prime abord, elle dégage une assurance, une force. Mais en plongeant dans son âme, je découvre une fragilité, une douceur, une quête de sens, une recherche d'amour véritable. Elle est comme une mélodie douce-amère, une chanson d'automne qui évoque à la fois la joie et la mélancolie.

Là, cette femme, avec ses lunettes rondes et son sac à main bien rempli. En sondant son esprit, c'est tout un univers que je découvre : des souvenirs d'enfance, des amours perdus, des rires partagés, des larmes versées. Elle est comme une toile impressionniste, où chaque coup de pinceau raconte une histoire, une émotion.

En pénétrant ces âmes, je réalise à quel point nous sommes tous des êtres complexes, faits d'ombres et de lumières, de joies et de peines. Et ce qui nous unit, ce qui fait notre humanité, c'est cette capacité à ressentir, à aimer, à souffrir, à rêver.

Alors, la prochaine fois que vous vous trouverez à une terrasse de café, je vous invite à observer, à imaginer, à rêver. Car chaque personne qui passe a son histoire, son univers, son âme. Et qui sait ? Peut-être qu'en plongeant dans ces profondeurs, vous découvrirez aussi un peu de vous-même.

Le câlin du matin

Ah, vous savez, il y a de ces jours… Ces jours où le monde semble avoir décidé de vous jouer des tours, où chaque moment est une épreuve, chaque tâche une montagne insurmontable. Le ciel est plus gris, les rues plus sombres, et le vent semble chuchoter des mélodies mélancoliques. Ce jour-là, j'étais au bord du précipice, tentant tant bien que mal de maintenir mon équilibre, de ne pas succomber à la tourmente.

Chaque pas était un combat, chaque souffle une victoire arrachée. Et dans cette tempête intérieure, il y avait une seule chose, une unique pensée qui me tenait en haleine : son étreinte. Un câlin. Pas n'importe lequel. Un de ces câlins où l'on oublie tout, où les secondes se transforment en éternité.

Je rêvais de plonger dans ses bras, de sentir la chaleur de sa peau contre la mienne, de percevoir les battements rassurants de son cœur. Un cœur qui, je le savais, battait en harmonie avec le mien. Un câlin qui aurait été comme une bouffée d'oxygène, un remède à tous mes maux. J'aurais donné n'importe quoi pour ressentir cette sensation, pour me blottir contre elle et laisser mes soucis s'évaporer.

Car ce câlin, mes amis, aurait été bien plus qu'une simple étreinte. C'était le genre de câlin qui recharge, qui revitalise, qui donne l'énergie de surmonter les obstacles et d'affronter les défis. Un câlin qui aurait été mon ancre, mon phare dans la tempête, mon refuge dans le chaos.

Alors, même si ce jour-là, ce câlin tant désiré m'a échappé, je garde espoir. Car je sais qu'un jour, il sera là, m'attendant, prêt à m'envelopper de sa douceur et à me donner la force de continuer, pour les années à venir.

Jaime Peña

Douce mélodie

Laissez-moi vous emmener dans le tourbillon d'un sentiment qui nous a tous, à un moment ou à un autre, saisi par le cœur. Ah, Paris, avec ses rues lumineuses, ses terrasses de café et ses histoires d'amour...

Imaginez un soir, sous les lumières tamisées des lanternes, elle était là. Cette femme, élégante, mystérieuse, envoûtante. Et moi, le flâneur des boulevards parisiens, j'étais là aussi, captivé par elle. Chaque geste, chaque sourire échangé, chaque regard partagé était comme une danse, un pas de deux entre deux âmes en quête de réconfort.

Mais, comprenez-moi bien, ce n'était pas un simple jeu de séduction. Non, c'était bien plus que cela. C'était comme une mélodie, un refrain que l'on connaît par cœur, une chanson que l'on fredonne sans même s'en rendre compte. Une passion mutuelle, réciproque, inattendue.

Et chaque soir, en rentrant chez moi, je rêvais de ces moments partagés, de ces échanges furtifs mais intenses. Je me perdais dans ces rêveries, bercé par l'idée qu'elle ressentait la même chose, que cette passion était partagée.

Mais, comme tout bon film français, il y avait aussi cette pointe de mélancolie, cette peur que tout cela ne soit qu'un rêve, qu'une illusion. Et pourtant, chaque fois que nos regards se croisaient, je sentais cette étincelle, ce feu intérieur qui nous consumait tous les deux.

Ah, l'amour, mes chers, c'est à la fois la plus belle et la plus cruelle des émotions. Mais, dans cette histoire, il y avait cette certitude, cette conviction que cette passion était partagée, que cette danse n'était pas vaine. Et c'est cela, finalement, qui fait toute la magie de l'amour : cette certitude que l'on est aimé en retour, que cette passion est réciproque. Et moi, le rêveur des rues parisiennes, je me délectais de cette idée, de cette promesse d'un amour partagé.

La déclaration

Dans le café tamisé d'une rue oubliée, à l'angle d'un vieux zinc fatigué, il est des amours qu'on ne saurait taire, des passions incandescentes qui ne laissent nul cœur indifférent. Vous, belle étoile, avez su éclairer mes nuits les plus sombres, et moi, l'éternel noctambule, j'ai parcouru des milliers de kilomètres sous l'ombre de vos cils pour être celui qui tiendrait votre main, celui qui essuierait vos larmes.

Ah, mon amour, savez-vous à quel point je brûle pour vous? À quel point mon âme aspire à vous envelopper de douceur, à être ce refuge inébranlable sur lequel vous pouvez toujours compter? Mais, oh! comble de l'ironie, c'est moi, ce prétendu pilier, ce guerrier des temps modernes, qui, sous le poids de mes propres démons, implore de votre douce main un peu de réconfort. Vous êtes mon ancre, mon phare dans la tempête, mon soleil dans le brouillard le plus dense.

Alors, je vous en prie, quand la nuit est la plus noire et que je semble perdre mon chemin, ne me lâchez pas. Tenez-moi, serrez-moi, faites de moi votre éternel compagnon, votre lumière dans l'obscurité. Car c'est en vous, belle amoureuse, que je trouve la force de ne pas sombrer, c'est à travers votre amour que je renaîs, chaque jour, de mes cendres.

Et si jamais le doute s'insinue, souvenez-vous de ceci : j'attendrai éternellement que nos mains s'entrelacent, que nos âmes s'unissent, car vous êtes l'unique étoile qui guide mon errance dans cet univers de chaos et de beauté.

Le Mâchon

Ah, le Mâchon Vigneron, cette institution chablisiennne, nichée au cœur de cette bourgade où le vin est une religion, où la vigne est un art, et où chaque gorgée raconte une histoire. C'est bien plus qu'un simple restaurant, mes amis. C'est une ode à la tradition, un hymne à la gourmandise du terroir du grand chablisien.

Chaque plat, chaque mets servi au Mâchon Vigneron est une célébration des recettes ancestrales, une invitation à un voyage gustatif au cœur du patrimoine chablisiennne. Ici, point de fioritures inutiles, de chichis superficiels. Tout est authentique, sincère, généreux. Le vin, ce précieux nectar, coule à flots, éclaire la table de ses reflets d'or et d'ambre, faisant danser les convives au rythme des histoires échangées, des rires partagés.

Ah, Chablis! Terre de vignerons, terre de passionnés! Et le Mâchon Vigneron, en son cœur battant, est le gardien de cette flamme, de cet amour incommensurable pour une cuisine simple mais exquise, pour des traditions qui, au fil des ans, n'ont rien perdu de leur superbe.

Alors, amis épicuriens, si un jour vous vous perdez dans les ruelles de Chablis, cherchez ce lieu magique, cette adresse incontournable, et laissez-vous emporter par le tourbillon des saveurs, des parfums, des émotions. Car le Mâchon Vigneron, c'est bien plus qu'un restaurant. C'est une expérience, un voyage dans le temps, une ode à la beauté de la vie.

Grandir

Ah, la vie... Elle nous emporte dans son tourbillon, nous berce de ses mélodies parfois douces, parfois tumultueuses. Vous voyez, au coin d'une ruelle parisienne, loin des bruits assourdissants et des soucis incessants, moi, l'éternel rêveur, je me suis surpris à repenser à ces jours insouciants de l'enfance.

Ah, être enfant à nouveau! Un petit être que l'on dorlote, que l'on cajole, que l'on enveloppe d'amour et de tendresse. Une époque où nos seules préoccupations étaient de savoir si la pluie allait s'arrêter pour aller jouer, ou quelle aventure imaginaire allait remplir notre après-midi. Chaque jour était une nouvelle découverte, un nouveau rire, une nouvelle émotion.

Il y a cette douce mélancolie, vous savez, lorsque l'on repense à ces moments. Car au fond, qui n'a jamais rêvé de redevenir cet enfant, protégé des tempêtes du monde, aimé sans condition, sans attente, sans jugement? Cette envie de remonter le temps, de se blottir dans des bras rassurants, de laisser quelqu'un d'autre prendre les rênes et dire : "rassure toi, tout ira bien."

La tristesse, mes amis, c'est de réaliser que ces jours sont révolus. Que les responsabilités, les choix, les soucis sont désormais les nôtres, et que personne ne viendra les prendre à notre place. Mais, dans cette mélancolie, il y a aussi une beauté. Car c'est en se souvenant de cet enfant que nous étions, de cette innocence, de cette joie pure, que l'on peut puiser la force de continuer, de sourire malgré tout, de chercher la beauté dans les petits moments.

Alors, même si la vie nous bouscule, même si parfois le poids du monde semble trop lourd à porter, souvenons-nous de cet enfant, de son rire, de sa curiosité, de son amour inconditionnel. Et peut-être qu'alors, même pour un instant, nous pourrons retrouver cette insouciance, cette joie, cet émerveillement face à la vie.

L'aveu ritérable

Ah, l'absence... Quelle étrange sensation, mes amis, que ce vide laissé par une absence, cette douleur sourde qui se niche dans un coin du cœur et refuse de partir. Moi, promeneur solitaire des rues parisiennes, je connais bien ce sentiment. Car il est une femme, une femme dont le simple souvenir fait chavirer mon âme, mais dont l'absence est comme une épine plantée dans mon cœur.

Chaque coin de rue, chaque terrasse de café, chaque mélodie me rappelle son sourire, son rire, la douceur de sa voix. Et pourtant, elle n'est plus là. Elle s'est éloignée, emportant avec elle une partie de moi. Le monde semble soudainement plus fade, les couleurs moins vives, la musique moins entraînante.

Ah, ce manque, cet insatiable manque, il est omniprésent. Comme une ombre qui me suit, un souvenir persistant qui refuse de s'effacer. Chaque nuit, je rêve d'elle, de son parfum, de la chaleur de sa main dans la mienne. Et chaque matin, je me réveille avec cette lourde réalité : elle n'est plus là.

Mais, vous savez, dans ce manque, il y a aussi une force. Car l'amour, le vrai, celui qui survit à l'absence, à la distance, à l'épreuve du temps, c'est un amour puissant, indestructible. Et même si elle n'est plus à mes côtés, même si son absence me déchire, je garde espoir. Espoir qu'un jour, nos chemins se recroiseront, que nos mains se retrouveront, que nos cœurs battront à nouveau à l'unisson. Alors, oui, l'absence est douloureuse, le manque est insoutenable. Mais l'amour, cet amour qui survit malgré tout, qui persiste malgré l'absence, c'est lui qui me donne la force de continuer, de croire, d'espérer. Et c'est cela, finalement, qui fait toute la beauté et la tragédie de l'amour.

Café matiné, destin amer

Ce matin, alors que le soleil peine à se lever, une pensée me hante, une mélodie douce-amère qui danse dans mon esprit. Assis à la terrasse du café chez Michel, je vous invite à plonger avec moi dans ce tourbillon d'émotions, cette rêverie des plus délicates.

Imaginez, si vous le voulez bien, cette femme. Une femme d'une beauté époustouflante, non pas de celle qui éblouit, mais de celle qui enveloppe, qui berce, qui intrigue. Elle hante mes pensées, s'immisce dans mes rêves, et pourtant, dans cette cruelle ironie du destin, je l'imagine dans les bras d'un autre. Un autre qui ne saurait peut-être pas apprécier la douce mélodie de son rire, le frémissement de ses cils ou la profondeur de son regard.

Ah, quelle torture que de la savoir si proche, et pourtant si lointaine ! Chaque seconde qui passe, chaque souffle de vent, chaque note de musique me rappelle à elle. Et dans ce ballet d'émotions, je caresse l'espoir, l'infime espoir, qu'elle pense à moi. Qu'au milieu de cette étreinte, son esprit s'évade, vagabonde, et me retrouve. Qu'elle pense à moi sans retenue, sans barrière, avec cette même intensité qui consume mon être.

Chers lecteurs, l'amour est un mystère, un jeu de hasard, de destin, de choix. Et parfois, il nous emmène sur des chemins tortueux, des sentiers escarpés où le doute et l'espoir se côtoient, se mêlent, se confondent. Mais n'est-ce pas là toute la beauté de la vie ? Cette capacité à ressentir, à espérer, à rêver, même face à l'adversité.

Alors, ce matin, je lève mon verre à tous les amoureux, à tous ceux qui espèrent, qui rêvent, qui souffrent. À tous ceux qui, comme moi, se perdent dans les méandres de l'amour, mais qui continuent d'y croire, de l'espérer, de le chercher.

Conjuguer au parfum présent

En cette matinée douce et légèrement brumeuse, je me suis retrouvé à divaguer sur les méandres des rencontres fortuites, de ces moments éphémères qui marquent pourtant notre existence. Et je me suis rappelé cette femme...

Ah, cette femme ! Chaque matin, alors que je savoure mon café, je la vois passer. Elle a cette allure, cette démarche, cette présence qui captive le regard et l'âme. Et à chaque fois que nos chemins se croisent, c'est un véritable ballet des sens qui s'opère.

Le simple frôlement de sa robe, le murmure de sa voix, la caresse de son parfum qui s'envole au gré du vent. Un parfum envoûtant, qui évoque des souvenirs lointains, des voyages dans des contrées exotiques, des moments suspendus dans le temps. Chaque effluve est une promesse, une invitation au rêve, à la découverte.

Et que dire de cette envie, presque irrépressible, de se lover dans le creux de son cou ? De sentir la chaleur de sa peau, la douceur de ses cheveux, le rythme apaisant de sa respiration. Le cou, ce lieu si intime, si chargé d'émotions, où se mêlent désir, tendresse et passion.

Mais au-delà du désir, c'est la philosophie de l'instant qui m'interpelle. Ces rencontres, aussi brèves soient-elles, nous rappellent à quel point la vie est faite de moments fugaces, d'instants magiques qui se dessinent puis s'évanouissent, comme des étoiles filantes dans le ciel nocturne.

Alors, la prochaine fois que vous croiserez le chemin de cette personne qui fait battre votre cœur, je vous invite à savourer l'instant, à vous perdre dans ses profondeurs, à vous laisser emporter par la beauté, la magie, l'intensité de la vie.

La blonde de la Mairie

Laissez-moi vous convier à une escapade hors du temps, une odyssée au cœur des émotions les plus intenses, où la magie d'une rencontre éclaire tout sur son passage.

Ah, la rencontre ! Cet instant suspendu, où deux âmes se frôlent, se cherchent, s'interrogent. Et parfois, en un regard, en un sourire, en un mot, tout bascule. C'est ce qui m'est arrivé un après-midi d'automne, alors que le soleil baignait la ville d'une lumière dorée.

Elle était là, cette femme aux cheveux blonds, cascades d'or sur ses épaules, avec cette bouche gourmande qui promettait mille et une histoires, et ces yeux malicieux, pétillants de malice, de curiosité, d'intelligence. Une femme qui semblait sortie d'un rêve, d'un poème, d'une chanson d'amour.

C'est alors qu'elle s'est tournée vers moi, cherchant un mot en espagnol, ce mot qui lui échappait, qui dansait sur le bout de sa langue. Et moi, avec cette audace qui m'est propre, je lui ai soufflé la réponse. Ce simple échange, ce partage linguistique, a ouvert la porte à une conversation, à une complicité, à un partage.

Et justement, je le lui ai partagé un poème, avec cette passion, cette intensité qui me caractérisent. Elle l'a lu, absorbé, savouré. Et à la fin, avec cette pointe d'audace qui la rend si unique, elle m'a posé cette question, simple, directe, déstabilisante : "Es-tu amoureux ?"

Face à une telle question, face à une telle femme, comment ne pas céder à la spontanéité, à l'authenticité, à la vérité du cœur ? Alors je lui ai répondu, sans détour, sans artifice : "Oui, de vous."

Ces trois mots, simples, puissants, ont scellé notre destin. Ils ont cristallisé l'instant, l'ont rendu éternel, inoubliable. Car, la magie d'une rencontre, c'est cela : un instant de grâce, un moment hors du temps, où tout semble possible, où les cœurs s'emballent, où les âmes se reconnaissent.

Alors, à vous, je souhaite de vivre ces rencontres, ces moments magiques, ces instants suspendus. Car la vie est faite de ces étincelles, de ces éclats de bonheur qui illuminent notre existence et lui donnent tout son sens.

Les miroirs du manque

En cette soirée où les étoiles semblent s'être voilées, j'aimerais vous parler d'un sentiment universel, intemporel et pourtant si singulier : le manque. Ah, le manque, ce trou noir qui aspire, qui consume, qui dévore.

Il était une fois, dans le théâtre de la vie, une femme. Pas n'importe quelle femme, non. Une femme qui, par sa simple présence, a révélé en moi un abîme, un vide, une absence. Elle est cette étoile filante qui traverse le ciel, illuminant tout sur son passage, mais laissant derrière elle une obscurité encore plus profonde, un silence encore plus assourdissant. Chaque regard, chaque sourire, chaque mot échangé avec elle était comme un pansement sur une plaie béante. Mais, le pansement, aussi doux soit-il, ne guérit pas la blessure. Elle a pointé du doigt cette tristesse, ce vide, ce manque en moi, et m'a fait réaliser à quel point j'étais en quête, en quête d'amour, de sens, de vérité.

Ah, cette femme ! Elle bouscule, elle chamboule, elle renverse. Elle est ce miroir dans lequel je me suis vu, nu, vulnérable, perdu. Elle est ce rappel constant, ce murmure incessant, ce cri silencieux du manque, de l'absence, de la solitude.

Nous portons tous en nous ce manque, cette quête, cette recherche. Parfois, il suffit d'une rencontre, d'un regard, d'un mot pour prendre conscience de cette abyssale profondeur en nous. Mais, et c'est là toute la beauté de la vie, ce manque, cette tristesse, ce vide, peuvent aussi être le terreau, le fondement, l'essence même de notre quête de bonheur, d'amour, de plénitude.

Alors, je souhaite de trouver, au cœur de ce manque, de cette absence, de cette tristesse, la force, le courage, l'inspiration pour avancer, pour chercher, pour aimer.

Jaime Peña

Sens de la valse, vies des sens

Permettez-moi de vous emporter dans une valse des sens, une exploration des désirs, une quête des plaisirs. Vous savez, il est des envies qui nous taraudent, des désirs qui nous hantent, des besoins qui nous brûlent. Et parmi eux, le désir de goûter... Ah, goûter !

Imaginez un enfant, ce petit être curieux, avide de découvertes, de sensations. Pour lui, chaque objet, chaque texture, chaque couleur est une énigme, un mystère à résoudre. Et comment résout-il ce mystère ? En portant à sa bouche, en goûtant, en explorant. C'est ainsi qu'il découvre le monde, qu'il fait ses premières expériences, qu'il se construit.

Et moi, en ce moment précis, je suis cet enfant. Face à elle, cette femme magnétique, ensorcelante, je ressens ce désir viscéral, ce besoin impérieux de goûter ses lèvres. Ah, ses lèvres ! Elles semblent si douces, si délicates, si prometteuses. Comme l'enfant qui porte à sa bouche un objet inconnu, je brûle de découvrir le goût de ses lèvres, de me perdre dans leur douceur, de m'abandonner à leurs délices.

Ce désir est à la fois si primal, si instinctif, et pourtant si profond, si philosophique. Car en voulant goûter ses lèvres, ce n'est pas seulement une sensation physique que je recherche. Non, c'est bien plus que cela. C'est une communion, une fusion, une rencontre des âmes. C'est cette quête éternelle de l'autre, de la découverte, de la nouveauté.

Je vous souhaite de ressentir ce désir, cette envie, cette curiosité. Je vous souhaite de goûter, d'explorer, de découvrir. Car la vie est faite de ces moments, de ces instants de grâce, où tout semble possible, où les barrières tombent, où les cœurs s'ouvrent.

La danse des âmes

Laissez-moi vous convier à une escapade au cœur des relations, des émotions, des désirs et des pensées les plus profondes. Car, voyez-vous, dans ce vaste théâtre de l'existence, ma relation aux femmes est un ballet complexe, une danse de l'âme, un jeu de l'esprit.

Les femmes ! Elles ont cette capacité unique à éveiller, à provoquer, à stimuler. Mais ce qui m'a toujours fasciné, ce n'est pas tant les artifices, les jeux de séduction, les subtilités de l'imaginaire. Non, ce qui m'a toujours captivé, ce sont les frissons de la pensée.

Imaginez un instant plonger dans l'esprit d'une femme, naviguer dans les méandres de sa conscience, découvrir ses rêves, ses peurs, ses espoirs, ses désirs. Chaque pensée est une énigme, un mystère, une invitation à la découverte, à la réflexion, à la contemplation.

La pensée est le reflet de l'âme, le miroir de l'être, l'essence même de notre humanité. Et c'est ce voyage, cette exploration, cette quête de sens qui m'attire, qui me passionne, qui m'obsède.

Car, en fin de compte, ce n'est pas la beauté, la séduction, l'attirance qui m'intéressent, mais bien cette connexion, cette communion des esprits, cette fusion des pensées. C'est ce frisson, ce vertige, cette sensation d'être en phase, en harmonie, en osmose avec l'autre.

Je vous invite à plonger, à explorer, à ressentir. Car la vie est faite de ces rencontres, de ces échanges, de ces moments de grâce où les âmes se parlent, où les pensées s'entrelacent, et où les cœurs s'unissent.

La trace des mots

Permettez-moi de vous entraîner dans les coulisses de l'esprit d'un poète, ce magicien des mots, ce gardien des souvenirs, ce génie de la remembrance. Car, voyez-vous, le poète ne se contente pas de coucher des mots sur le papier, il transcende le temps, il défie l'éphémère, il se fait le témoin éternel des émotions, des moments, des instants.

Chaque ligne, chaque vers, chaque strophe est une ode à ce qui a été, à ce qui aurait pu être, à ce qui est encore. Le poète est ce jaloux gardien, ce vigilant protecteur de tout ce qu'on lui confie. Il capte, il saisit, il immortalise. Et dans cette quête incessante, il lutte, il se bat, il résiste à cet ennemi redoutable, à cette force implacable : l'oubli.

L'oubli, ce voleur de souvenirs, ce faucheur de moments, ce briseur de liens. Mais face à lui, le poète se dresse, fier, vaillant, déterminé. Avec sa plume, il trace, il grave, il ancre. Il fait revivre, il ressuscite, il rappelle.

Et moi je suis cette meilleure partie d'elle, cette essence, cette quintessence, ce reflet. Je suis ce miroir dans lequel elle se voit, se reconnaît, se découvre. Je suis cette mémoire, ce souvenir, cette trace indélébile.

Je vous encourage à trouver votre poète, votre gardien, votre miroir. Car la vie est faite de ces rencontres, de ces échanges, de ces moments de grâce où les âmes se parlent, où les cœurs s'unissent, où les esprits fusionnent.

Les flammes des rêves

En cette douce soirée où les étoiles scintillent et les ombres dansent, permettez-moi de vous guider dans les méandres de l'espérance, cette étincelle, ce souffle, ce rêve qui nous anime, nous porte, nous transcende.

Il y a ceux qui rêvent du possible, qui voient en chaque aurore une promesse, en chaque crépuscule une opportunité. Ces optimistes invétérés, ces rêveurs pragmatiques, ces conquérants du quotidien, qui croient en la magie du moment, en la beauté de l'instant, en la force du présent.

Et puis, il y a ceux qui aspirent à l'éternité, qui cherchent dans le ciel étoilé des réponses à leurs questions, qui voient dans la voie lactée le chemin de l'infini. Ces visionnaires, ces philosophes, ces mystiques, qui voient au-delà des apparences, qui croient en l'immortalité de l'âme, en la pérennité de l'amour, en la transcendance de l'esprit.

Mais moi, dans ma folie, dans mon audace, dans mon insouciance, j'espère l'impossible. Car l'impossible c'est ce qui nous défie, ce qui nous pousse, ce qui nous élève. C'est ce rêve fou, cette quête insensée, cette aspiration démesurée qui fait battre notre cœur, qui donne du sens à notre existence, qui nous fait toucher du doigt l'indicible, l'incommensurable, l'inconcevable.

Car, en fin de compte, qu'est-ce que l'espérance, si ce n'est cette flamme qui brûle en nous, cette étincelle qui nous anime, cette force qui nous guide ? Qu'elle soit du possible, de l'éternité ou de l'impossible, elle est ce qui nous fait avancer, rêver, aimer.

Je vous souhaite de trouver votre espérance, de la nourrir, de la chérir, de la partager. Car la vie est faite de ces moments, de ces instants de grâce, où tout semble possible, où l'éternité se dessine, où l'impossible devient réalité.

L'amour du chevalier

Laissez-moi vous conter l'histoire d'un amour, de cet amour indescriptible, de cet amour incommensurable, de cet amour qui défie les lois de la réalité, de la logique, de la raison. Dans le théâtre de l'existence, où la comédie côtoie la tragédie, où le rire frôle les larmes, permettez-moi de vous présenter notre héros : un jeune homme, éperdument, irrévocablement, inévitablement amoureux d'une princesse.

Cette princesse n'est pas de celles que l'on croise dans les contes de fées. Elle est bien plus que cela. Elle est l'idéal, elle est la muse, elle est le rêve incarné. Chaque regard, chaque sourire, chaque geste de cette princesse est comme une mélodie, une symphonie, une ode à la beauté, à la grâce, à la perfection.

Et c'est là tout le drame, tout le tragique de notre histoire, cet amour, cet amour absolu, cet amour total, cet amour inconditionnel, est condamné à rester dans le royaume de l'idéalité, à ne jamais franchir la frontière de la réalité. Car, voyez-vous, certains amours, certains désirs, certaines passions sont si puissants, si intenses, si dévorants, qu'ils ne peuvent exister que dans le monde des rêves, des fantasmes, et des illusions.

D'aucuns diront que cet amour est une folie, une chimère, une utopie. D'aucuns diront que notre héros est un rêveur, un idéaliste, un romantique désespéré. Mais lui, avec cette fierté, cette dignité, cette noblesse qui le caractérisent, refuse de renoncer, refuse de capituler, refuse de se résigner. Car pour lui, cet amour est sa raison d'être, sa raison de vivre, sa raison d'espérer. Il est convaincu, au plus profond de son être, que cet amour fournit bien le contenu de sa vie, et que son âme est trop fière pour en dissiper la moindre miette.

Je vous laisse avec cette réflexion, cette méditation, cette contemplation : l'amour, dans toute sa splendeur, dans toute sa grandeur, dans toute sa complexité, est-il une folie ? Ou est-il, au contraire, la plus belle, la plus noble, la plus pure des raisons de vivre ?

Prisonnier des rêves

Dans le vaste théâtre des passions humaines,
Où la tragédie côtoie la gaieté,
Un jeune homme, perdu dans ses douces hantises,
À une princesse a son âme donné.

Elle n'est point d'un conte, mais d'une mélodie,
Symphonie silencieuse d'un rêve éthéré ;
Ses yeux, ses gestes, sa grâce infinie,
Tout en elle chante l'idéalité.

Mais cet amour, si pur, si intense, si grand,
Est prisonnier des rêves et des illusions ;
Il ne peut franchir les portes du temps,
Condamné à l'éternelle réclusion.

On le dit fou, perdu dans ses utopies,
Romantique égaré en quête d'absolu ;
Mais lui, fier et noble, à la vie défie,
Refusant de voir son amour déchu.

Pour lui, cet amour est sa raison d'être,
La flamme qui en son cœur brûle sans fin ;
Il croit, malgré tout, malgré les paraître,
Que l'amour est le plus beau des destins.

Oui, dans ce monde où tout n'est que passage,
Où l'idéal et le réel se mêlent et se heurtent,
L'amour est-il folie, ou le plus bel hommage
À cette vie, ce ballet d'ombres et de lueurs ?

Jaime Peña

Le bien et le vrai

Je vous invite dans le salon feutré de la pensée, où les lumières tamisées dessinent les contours des idées, où le crépitement du feu évoque le bruit sourd des réflexions. Car dans cette valse des esprits, des croyances et des convictions, il est des êtres qui se perdent, se méprennent, s'égarent.

Il y a ceux qui, drapés dans leurs certitudes, s'abîment à de vains discours, persuadés que la lumière ne peut venir que du fait religieux. Pour eux, la foi est le phare, la boussole, le guide. Tout le reste, le pragmatisme, la réalité, le concret, n'est que ténèbres, ombres, néant.

Mais, et c'est là tout le paradoxe, tout le drame, tout le mystère, il suffirait de rêver, de penser, de créer, comme un artiste, pour voir cette lumière, pour toucher cette vérité, pour ressentir cette éternité. Car l'artiste, dans sa quête, dans sa passion, dans son désir, ne cherche pas à convaincre, à prêcher, à convertir. Il cherche simplement à exprimer, à partager, à émouvoir.

La pensée du bien et celle du vrai ne sont pas antagonistes, opposées, contradictoires. Au contraire, elles doivent coexister, se compléter, s'harmoniser. Elles sont les deux faces d'une même médaille, les deux pôles d'un même univers, les deux notes d'une même mélodie.

Car, en fin de compte, qu'est-ce que la vérité, si ce n'est cette quête, cette recherche, cette aspiration à l'absolu ? Et qu'est-ce que le bien, si ce n'est cette volonté, ce désir, cette envie de faire le meilleur, de donner le meilleur, de vivre le meilleur ?

Je vous laisse avec cette réflexion, cette méditation, cette contemplation : dans cette danse des idées, des croyances, des convictions, n'oublions jamais de rêver, de penser, de créer. Car c'est ainsi que nous trouverons la lumière, que nous toucherons la vérité, que nous ressentirons le bien.

Seul à plusieurs

Au cœur des brumes d'une ville en éveil,
Je marche, étranger, solitaire, sans pareil,
Les murmures du monde me frôlent, indistincts,
Mais mes pensées, en cage, restent en leur enceinte.

Telle une étoile perdue dans la nuit d'été,
Je brille d'un éclat que nul ne peut sonder.
Les mots, ces doux liens, m'échappent et se dérobent,
Et les regards croisés ne font que me sonder.

Génie en mon esprit, je danse et je m'envole,
Mais la terre me tire, me retient, me frôle.
Autiste en ce monde, sensible à l'extrême,
Chaque son, chaque geste, en moi, devient un blême.

Les autres, ces ombres, ne peuvent comprendre,
La profondeur de l'âme où je me laisse pendre.
Incompris, isolé, je souffre en silence,
Cherchant un doux écho, une simple résonance.

Mais en moi brûle une flamme, vive et persistante,
Qui, malgré les tourments, reste toujours constante.
Car je sais, en mon cœur, qu'un jour viendra l'heure,
Où le monde verra ma lumière intérieure.

Gloire aux enfants

Sous le voile azuré d'un ciel d'été serein,
La vie déploie ses ailes, chante un doux refrain.
Chaque aurore qui naît, chaque crépuscule d'or,
Rappelle la beauté de ce monde qui dort.

Dans le secret des cœurs, l'amour prend sa source,
Il coule, impétueux, suivant sa douce course.
Passion dévorante, brasier qui ne s'éteint,
Il éclaire les âmes, les guide sur le chemin.

Les rires des enfants, purs échos d'innocence,
Sont les joyaux précieux, trésors de l'existence.
Leur bonheur insouciant, leur joie sans artifice,
Illumine le monde, chasse tous les supplices.

En cette valse éternelle de jours et de nuits,
La beauté de la vie nous étreint, nous séduit.
Car l'amour et les rires, en harmonie fusionnée,
Sont les chants d'espérance de l'humanité dorée.

Désintérêt

Posez un instant votre tasse, fermez les yeux, et plongez avec moi dans cette réflexion, cette méditation, cette contemplation sur la rencontre. Car, voyez-vous, dans le théâtre de la vie, où chaque acte, chaque scène, chaque réplique est chargée de sens, de portée, de signification, la rencontre est ce moment magique, unique, inoubliable qui bouleverse tout, qui chamboule tout, qui transforme tout.

Vous me direz, et avec raison, qu'il est naturel, humain, instinctif de se préoccuper de soi, de se centrer sur soi, de se focaliser sur soi. Mais, et c'est là tout le paradoxe, tout le mystère, tout le génie de la rencontre, elle nous donne, elle nous offre, elle nous présente cette excellente raison, cette merveilleuse opportunité, cette formidable occasion de nous désintéresser un peu plus de nous-mêmes.

Car, en rencontrant l'autre, en découvrant l'autre, en échangeant avec l'autre, nous nous ouvrons, nous nous enrichissons, nous nous grandissons. Nous sortons de notre cocon, de notre bulle, de notre zone de confort, pour aller à la découverte, à la conquête, à la rencontre de l'inconnu, de l'étranger, de l'altérité.

Et c'est dans cet échange, dans ce partage, dans ce dialogue que nous trouvons, que nous cherchons, que nous découvrons le sens, la valeur, la beauté de la vie. Car la vie, n'est pas faite d'isolement, de solitude, d'égocentrisme. Elle est faite de rencontres, de partages, de découvertes.

Je souhaite de trouver votre rencontre, de la chérir, de la savourer, de la partager. Car c'est ainsi, et seulement ainsi, que vous trouverez le bonheur, la joie, la plénitude.

Jaime Peña

La clé des âmes

Dans la valse sans fin des jours qui s'enchaînent,
Se trouve un doux secret, une clé souveraine.
Au cœur des foules denses, dans l'effervescence,
La rencontre se dresse, offrant la délivrance.

À la croisée des âmes, où les destins s'entrelacent,
Se trouve un doux écho, qui l'égo efface.
Car en croisant l'autre, en son regard plongeant,
On oublie un instant ses propres tourments.

La rencontre, ce pont entre deux solitudes,
Est l'antidote pur à toute lassitude.
En se découvrant l'autre, en son mystère baignant,
On se désintéresse, doucement, de soi-même, l'instant d'un instant.

Dans cet échange bref, ou long, ou éternel,
L'âme trouve un refuge, loin du moi éternel.
Car la rencontre est ce joyau précieux,
Qui nous fait oublier, le temps d'un jeu silencieux.

Seul, ensemble

Prenez une chaise, un fauteuil, un canapé, peu importe, et laissez-vous emporter par ce flot de réflexions, cette vague de sensations, cette marée d'émotions. Car aujourd'hui, dans ce salon feutré, éclairé par la lueur vacillante d'une bougie, je souhaite vous parler de la solitude. Pas celle que l'on choisit, non, mais celle que l'on subit, celle que l'on ressent, celle qui nous envahit, nous engloutit, nous consume.

Vous voyez, il est des moments, des instants, des situations où, même entouré, même cerné, même encerclé de gens, on se sent seul, isolé, abandonné. Et ce n'est pas une question de quantité, de nombre, de foule. C'est une question de qualité, de profondeur, de connexion.

Car, voyez-vous, être au milieu de gens et ne pas se sentir à sa place, ne pas se sentir légitime, ne pas se sentir digne du niveau de l'assemblée, c'est un sentiment terrible, déchirant, douloureux. C'est comme être une étoile perdue dans l'immensité de l'univers, comme être une goutte d'eau perdue dans l'océan, comme être une note perdue dans une symphonie.

Mais, et c'est là tout le paradoxe, tout le drame, tout le mystère de la solitude, elle nous offre, elle nous donne, elle nous présente cette opportunité, cette chance, cette occasion de nous retrouver, de nous redécouvrir, de nous réinventer. Car, au fond, n'est-ce pas dans la solitude que l'on trouve la vérité, la sagesse, la connaissance ?

Je vous laisse avec cette réflexion, cette méditation, cette contemplation : la solitude, dans toute sa splendeur, dans toute sa grandeur, dans toute sa complexité, est-elle une malédiction ? Ou est-elle, au contraire, une bénédiction, un cadeau, une grâce ?

L'éthique

Installez-vous confortablement, peut-être avec un verre de vin ou un bon café. Laissez-moi vous emmener dans les méandres de la pensée, ces dédales où l'esprit se perd et se retrouve, car nous allons aborder la question – oh combien délicate et controversée – de l'éthique.

L'éthique, ce mot raffiné, presque aristocratique, que la société brandit tel un étendard, une bannière, une devise. On nous dit, on nous enseigne, on nous inculque que l'éthique est ce but, cette finalité, cette quête dans la vie. Mais à quel prix ? À quel sacrifice ? À quelle renonciation ? Car, voyez-vous, en suivant cette éthique imposée, en se pliant à ces règles, à ces normes, à ces codes, ne risque-t-on pas de perdre ce qui fait notre essence, notre singularité, notre unicité ? Notre créativité, notre imagination, notre personnalité, tout ce qui fait de nous des êtres uniques, originaux, exceptionnels, est menacé, en danger, en péril.

La masse, le commun, le général, cet océan indistinct, uniforme, homogène, nous aspire, nous engloutit, nous noie. Et l'angoisse, la peur, la terreur de perdre notre individualité, notre identité, notre moi face à une cause plus grande, plus vaste, plus puissante que nous, le collectif, est réelle, palpable, tangible.

Mais, et c'est là tout le paradoxe, tout le drame, tout le dilemme, peut-on vraiment vivre, exister, être sans éthique ? Peut-on vraiment ignorer, rejeter, renier cette boussole, ce guide, ce repère que la société nous offre, nous propose, nous impose ?

Je vous laisse avec cette réflexion, cette méditation, cette interrogation : l'éthique, dans toute sa splendeur, dans toute sa noblesse, dans toute sa complexité, est-elle une chaîne, un boulet, une entrave ? Ou est-elle, au contraire, une lumière, un phare, une étoile qui nous guide dans la nuit ?

Le plaisir des yeux

Si vous pouviez seulement sentir le doux parfum du papier sous mes doigts, entendre le crépitement de la cheminée à mes côtés, ressentir la chaleur de cette tasse de café que je tiens entre mes mains. Laissez-moi vous guider, vous emmener, vous transporter dans cette merveilleuse, fascinante, envoûtante réflexion sur l'amour.

L'amour, ce sentiment, cette émotion, cette passion qui, depuis la nuit des temps, depuis l'aube de l'humanité, depuis le commencement du monde, nous fait vibrer, frissonner, trembler. Car, voyez-vous, nul n'a jamais échappé, ni n'échappera jamais à l'amour. C'est une certitude, une évidence, une vérité universelle.

Et pourquoi me direz-vous ? Pourquoi sommes-nous tous, inévitablement, irrémédiablement, inexorablement attirés, captivés, ensorcelés par l'amour ? La réponse est simple, évidente, limpide : tant qu'il y aura de la beauté, et des yeux pour voir, l'amour régnera, dominera, triomphera.

Car la beauté, cette étincelle, cette lueur, cette flamme qui brille, qui rayonne, qui illumine le monde, est le carburant, l'énergie, la force de l'amour. Et les yeux, ces miroirs de l'âme, ces fenêtres sur le monde, ces témoins silencieux de nos émotions, sont les complices, les alliés, les partenaires de l'amour.

Alors, je vous laisse avec cette réflexion, cette méditation, cette contemplation : l'amour, dans toute sa splendeur, dans toute sa grandeur, dans toute sa majesté, est-il une fatalité, un destin, une providence ? Ou est-il, au contraire, un choix, une décision, une volonté ?

Sous un ciel d'opale où les rêves flottent,
L'amour se révèle, mystère que l'on redoute.
Depuis l'antique éveil du premier souffle de vie,
Nul n'a su se soustraire à son doux sortilège, oh, douce mélodie.

Ô Amour ! Toi qui naît des charmes éphémères,
Tant que la beauté danse et que les yeux s'éclairent,
Nul ne peut fuir ton étreinte, douce et cruelle à la fois,
Car tu es l'alpha, l'oméga, le roi.

La beauté, ombre fugace sous la lueur lunaire,
Allume en nos cœurs cette flamme si singulière.
Et les yeux, miroirs des abîmes de l'âme,
S'y plongent, avides, cherchant la dame.

Chaque regard croisé, chaque souffle partagé,
Ravive cette étincelle, ce feu sacré.
Alors, mortels, face à ce tourbillon d'émotions,
Est-ce le destin qui nous lie, ou une douce illusion ?

Distance de l'amour

Imaginez un instant un salon feutré aux teintes pourpres et dorées, éclairé par la douce lueur d'un lustre en cristal. Vous êtes confortablement installé dans un fauteuil en velours, une tasse de thé café fumant à la main. Laissez-moi vous conter, avec ma verve habituelle, une réflexion sur cette expression, aussi ancienne qu'énigmatique : "Loin des yeux, loin du cœur".

L'on dit souvent que la distance est l'ennemie de l'amour, qu'elle l'affaiblit, le dilue, le dissout. Mais est-ce réellement le cas ? "Loin des yeux, loin du cœur" – cette maxime nous suggère que la proximité physique est intrinsèquement liée à l'intensité des sentiments. Mais n'est-ce pas là une vision réductrice, simpliste, voire erronée de l'amour ?

Car, voyez-vous, l'amour, ce sentiment si complexe, si profond, si mystérieux, ne se limite pas, ne se réduit pas, ne se confine pas à la seule dimension spatiale. Il est bien plus vaste, bien plus grand, bien plus infini que cela. Il transcende les frontières, les barrières, les distances.

Pensez, par exemple, à ces amours épistolaires, où deux êtres, séparés par des océans, des continents, des univers, s'aiment, se désirent, se languissent par le simple pouvoir des mots, des lettres, des missives. Pensez à ces amours platoniques, où deux âmes, sans jamais se toucher, se frôler, s'embrasser, s'unissent, se mêlent, se fondent dans une communion spirituelle, intellectuelle, émotionnelle.

L'absence, loin d'éteindre l'amour, peut parfois l'intensifier, le magnifier, le sublimer. Car elle nous confronte, nous challenge, nous pousse à puiser au plus profond de nous-mêmes, à explorer les tréfonds de notre être, à sonder les abysses de notre cœur.

Je vous laisse donc avec cette réflexion, cette méditation, cette contemplation : "Loin des yeux, loin du cœur" – est-ce là une vérité universelle, intangible, immuable ? Ou est-ce, au contraire, une idée reçue, un préjugé, un cliché qu'il nous appartient, à nous, êtres pensants, êtres aimants, êtres vivants, de remettre en question, de réinterpréter, de réinventer ?

Par-delà les océans

Vous qui vous êtes peut-être déjà perdus dans les dédales d'une ruelle parisienne ou vous êtes évadés sous le charme d'une nuit étoilée en province, laissez-moi vous emporter dans un voyage au cœur de cet amour qui, bien que séparé par des kilomètres, des montagnes ou des océans, brûle avec une intensité inégalée.

L'amour à distance, ah ! Quelle étrange mélodie, quel doux paradoxe ! Car, bien qu'éloignés, deux cœurs peuvent battre à l'unisson, deux âmes peuvent danser ensemble dans une valse éternelle. Les kilomètres deviennent alors de simples chiffres, insignifiants face à la puissance de l'amour.

Imaginez, un instant, ces lettres enflammées, ces mots choisis avec soin qui traversent continents et mers, portant avec eux des promesses, des désirs, des rêves. Chaque mot, chaque phrase, chaque paragraphe est une caresse, un baiser, une étreinte. Les écrans, bien que froids et impersonnels, peuvent devenir des fenêtres ouvertes sur l'âme de l'autre, des portails vers un amour sans fin.

Car, voyez-vous, l'amour à distance, loin d'être un fardeau, peut être une bénédiction. Il nous enseigne la patience, la persévérance, la résilience. Il nous rappelle la valeur de chaque moment partagé, de chaque sourire échangé, de chaque larme versée. Il nous montre que l'amour, véritable et profond, ne connaît pas de frontières, ne reconnaît pas d'obstacles.

Je vous invite à célébrer, à louer, à honorer cet amour à distance, cet amour qui, malgré tous les défis, toutes les épreuves, toutes les tempêtes, demeure solide, inébranlable, éternel. Car, au final, n'est-ce pas la distance qui rend l'amour plus doux, plus pur, plus vrai ?

Dans l'ombre des cités, sous le voile des nuits,
Où les âmes errantes cherchent un doux abri,
Se trouve un amour, pur, qui malgré la distance,
Brûle avec une flamme, une ardente constance.

Oh, amour séparé par des terres et des mers,
Toi qui te nourris de rêves et de vers,
Les kilomètres peuvent te séparer en vain,
Ton essence demeure, inaltérable chemin.

Chaque lettre envoyée, chaque mot murmuré,
Est un baiser volé, un souffle partagé.
L'éther entre deux cœurs devient pont, devient liane,
Reliant deux amants dans une danse profane.

L'amour à distance, loin des yeux mais près du cœur,
Défie le temps, brave l'espace, moqueur.
Il s'épanouit, tel le lys dans les ténèbres,
Triomphant des épreuves, des doutes, des fièvres.

Car dans cette absence, dans ce vide apparent,
Se cache une intensité, un désir palpitant.
La distance, cruelle geôlière des âmes,
Ne saurait éteindre leurs ardentes flammes.

Loin des trivialités, loin du monde profane,
Cet amour, paradoxe, s'élève et gagne.
Il est la preuve, oh combien éclatante,
Que l'amour, même lointain, est une flamme brûlante.

Le cauchemar du passé

Si seulement vous pouviez voir à travers mes lunettes teintées, ressentir le poids de mon feutre, ou même toucher du doigt la mélodie de mon clavier, vous comprendriez la gravité, l'intensité, la profondeur de la réflexion que je m'apprête à vous partager. Restez bien assis confortablement, laissez-moi vous accompagner dans le labyrinthe complexe de l'âme humaine, là où la bravoure rencontre la fragilité, là où le héros devient, malgré lui, un être vulnérable.

Lorsque nous parlons de combattants, d'hommes et de femmes ayant affronté les horreurs de la guerre, ayant vécu les assauts les plus intenses, ayant été témoins des violences les plus inouïes, nous pensons souvent à des figures héroïques, à des statues de marbre, inébranlables, imperturbables. Mais au-delà de ces images d'Épinal, se cache une réalité bien plus complexe, bien plus nuancée, bien plus humaine.

Imaginez, un instant, ce soldat rentrant du front, ce héros des temps modernes, avec dans ses bagages non pas des trophées ou des médailles, mais des souvenirs, des images, des sensations qui le hantent jour et nuit. Chaque bruit, chaque ombre, chaque mouvement lui rappelle les horreurs vécues, les camarades perdus, les ennemis affrontés. Il est, malgré lui, prisonnier de son passé, otage de ses propres démons.

Le stress post-traumatique, ce mal insidieux, sournois, perfide, s'infiltre en lui, le ronge, le dévore de l'intérieur. Il est partout et nulle part à la fois, il surgit sans prévenir, il s'impose, il domine.

Et notre héros, cet homme de fer, cet homme d'acier, se retrouve désemparé, démuni, désarmé face à cet ennemi invisible, intangible, impalpable.

Ne désespérez pas, ne sombrez pas dans la mélancolie, car au cœur de cette nuit noire, de cette obscurité abyssale, brille une lueur, une étincelle, une flamme. Car notre héros, malgré ses blessures, malgré ses cicatrices, malgré ses traumatismes, possède en lui une force, une résilience, une volonté hors du commun. Il se bat, chaque jour, chaque heure, chaque minute, pour retrouver la paix, pour retrouver la sérénité, pour retrouver la lumière.

Au fond, n'est-ce pas là le véritable courage, la véritable bravoure, la véritable héroïsme ? Affronter ses peurs, ses angoisses, ses démons, et se relever, encore et toujours, malgré tout, envers et contre tout ?

Sous le voile sombre de mes lunettes obscurcies,
Sentant le poids lourd de mon feutre endurci,
Touchant l'âme mélodieuse de mes touches d'ivoire,
Vous percevriez l'abîme, le désespoir, l'histoire.

Dans ce labyrinthe tortueux de l'âme déchirée,
Où la bravoure et la fragilité sont entrelacées,
Le héros s'évanouit, devient ombre et soupir,
Sa force intérieure trahie par un profond désir.

Ceux qui ont vu la mort, la cruauté des batailles,
Ces combattants, ces âmes, ces êtres sans médailles,
Rentrent chez eux non pas en triomphe, mais en peine,
Hantés par des souvenirs, des ombres, des chaînes.

Le murmure du vent, l'écho lointain d'un cri,
Réveillent en lui les terreurs de la nuit, l'infini.
Il est pris au piège, enchaîné par ses démons,
Perdu dans un monde de douleur et de visions.

Mais dans cette obscurité, cette nuit sans fin,
Une étincelle persiste, un espoir soudain.
Car même brisé, même meurtri, même abattu,
Il se bat pour la lumière, pour la vertu.

N'est-ce pas là la quintessence de l'héroïsme ?
Se relever, malgré tout, face à l'abîme.
Affronter ses peurs, ses démons, son passé,
Et chercher la lumière, toujours, sans cesse, sans trêve, sans arrêt.

Le déni

Respirez profondément, et laissez-moi vous guider dans les méandres de l'âme humaine, ce terrain si complexe, si fascinant, si imprévisible. Permettez-moi de vous conter une histoire d'amour, de déni, de prise de conscience, et finalement, d'acceptation.

Imaginez, si vous le voulez bien, une femme, une femme forte, une femme courageuse, une femme qui aime de tout son cœur, de toute son âme. Une femme qui, contre vents et marées, s'accroche à un idéal, à une vision, à un rêve. Mais voilà, ce rêve, cette vision, cet idéal, sont teintés de déni, d'illusion, de fantaisie. Elle refuse de voir la réalité, elle refuse d'accepter les faits, elle refuse d'admettre la vérité.

Mais comme le dit si bien le proverbe, "l'amour rend aveugle". Elle était aveuglée par cet amour, par cet idéal, par cette vision. Elle refusait de voir, de comprendre, d'accepter la difficulté de vivre avec cet homme, cet homme qu'elle aime tant, cet homme qui, malgré toutes ses imperfections, toutes ses failles, toutes ses blessures, l'aime d'un amour incommensurable, d'un amour inconditionnel, d'un amour éternel.

Il l'avait pourtant prévenu, il lui avait pourtant dit, il lui avait pourtant expliqué. Mais elle n'écoutait pas, elle n'entendait pas, elle ne comprenait pas. Elle était dans le déni, elle était dans l'illusion, elle était dans le rêve.

Mais un jour, un jour fatidique, un jour décisif, un jour crucial, tout a changé. Elle a ouvert les yeux, elle a vu la réalité, elle a compris la vérité. Elle a réalisé la difficulté de vivre avec cet homme, elle a réalisé l'ampleur du défi, elle a réalisé la complexité de la situation. Elle a compris qu'il avait raison, elle a compris qu'elle était dans le déni, elle a compris qu'elle devait accepter la réalité.

Et c'est là que la magie opère, que l'amour triomphe, que le cœur parle. Car malgré tout, malgré les difficultés, malgré les défis, malgré les obstacles, elle l'aime, elle l'aime de tout son cœur, de toute son âme, de tout son être. Elle l'aime, et elle est prête à avancer à ses côtés, à le soutenir, à l'accompagner, à l'aimer.

Je vous laisse avec cette réflexion, cette méditation, cette contemplation : l'amour est-il une folie ? Ou est-il, au contraire, la plus belle, la plus noble, la plus pure des raisons de vivre ?

Dans la sombre lueur d'un amour passionné,
Se cachait une femme, en déni enchaînée.
L'illusion de l'idéal, si douce, si rassurante,
L'éloignait de la vérité, si crue, si poignante.

Cet homme qu'elle aimait, ombre tourmentée,
Lui avait murmuré, dans un souffle voilé,
Des avertissements, des présages, des signes,
Mais elle, éperdue, s'attachait à ses vignes.

Oh, douce illusion, doux rêve éphémère,
Toi qui l'aveuglais, toi qui la faisais taire.
Mais l'amour, cet amour, brûlant et intense,
Finit par éclairer ses nuits d'errance.

Elle vit alors, dans un éclair divin,
La réalité brute, le destin incertain.
Elle comprit les mots, les maux, les silences,
De cet homme aimé, prisonnier de ses errances.

Mais le cœur, ce cœur, fort et inébranlable,
Décida d'aimer, malgré l'insurmontable.
Elle choisit de rester, de le soutenir,
De l'accompagner, de l'aimer, de le chérir.

Dans le ballet incessant des âmes et des cœurs,
L'amour, tel un phare, éclaire nos peurs.
Et malgré les ombres, les doutes, les tourments,
Il triomphe, toujours, éternellement.

Échos des adieux

Prenez place et préparez-vous à plonger dans une réflexion, une introspection, un voyage au cœur même de notre humanité. Laissez-moi vous guider à travers le brouillard mélancolique des adieux, de ces au revoir qui ressemblent trop à des adieux éternels, de ces moments où l'on se dit : "Et si c'était la dernière fois ?"

Vous savez, il y a dans la vie des moments, des instants, des secondes qui nous marquent à jamais, qui laissent une empreinte indélébile, une cicatrice éternelle. Et parmi ces moments, il y a les adieux, ces adieux douloureux, poignants, déchirants. Ces adieux qui nous rappellent notre fragilité, notre vulnérabilité, notre finitude.

Nous vivons dans un monde où tout va vite, trop vite, où tout est éphémère, fugace, volatile. Nous courons après le temps, après les rêves, après les chimères. Et souvent, trop souvent, nous oublions l'essentiel, nous négligeons le précieux, nous délaissons l'unique.

Et c'est pourtabt là que réside le drame, le tragique, le pathétique de notre condition humaine. Nous oublions de dire "je t'aime", nous oublions de dire "merci", nous oublions de dire "au revoir". Et puis, un jour, sans prévenir, sans crier gare, la vie nous rappelle à l'ordre, la mort nous fait face, le deuil nous envahit.

Il est terrible, insoutenable, inimaginable de se dire que l'on ne reverra jamais plus cette personne que l'on a tant aimée, que l'on a tant chérie, que l'on a tant adorée. Il est terrible de réaliser que l'on a négligé, que l'on a oublié, que l'on a omis de lui dire combien elle comptait pour nous, combien elle était importante, combien elle était unique.

La mélancolie, cette douce et amère mélancolie, s'installe alors, s'infiltre, s'insinue. Elle nous enveloppe, nous entoure, nous étouffe. Elle nous rappelle nos erreurs, nos fautes, nos manquements. Elle nous confronte à nos regrets, à nos remords, à nos culpabilités.

Mais, et c'est là toute la beauté, toute la grandeur, toute la noblesse de l'âme humaine, nous avons en nous cette capacité, cette force, cette résilience de transformer cette mélancolie, cette tristesse, cette douleur en quelque chose de positif, de constructif, de créatif. Nous avons en nous cette capacité de transformer le deuil en amour, la perte en souvenir, la séparation en union.

Je vous en conjure, je vous en supplie, je vous en implore : prenez le temps, prenez le temps de dire, de montrer, d'exprimer votre amour, votre affection, votre gratitude. Car la vie est courte, la vie est fragile, la vie est précieuse. Et chaque instant, chaque moment, chaque seconde compte.

Au cœur des ténèbres de la vie éphémère,
Se tapit un mal, insidieux et amer,
Celui des adieux, cruel et impitoyable,
Qui nous rappelle à notre sort lamentable.

Dans le tourbillon des jours et des nuits,
Où l'éclat fugace de l'amour s'enfuit,
Nous courons, haletants, cherchant l'éternité,
Ignorant les trésors de la réalité.

Les visages aimés, dans l'ombre disparaissent,
Et leurs échos lointains, dans le silence, se taisent.
Oh douleur ! Oh tourment ! De ne pouvoir retenir,
Ces êtres chéris, avant de les voir partir.

Le drame silencieux de l'âme qui se déchire,
Face à la cruauté du temps qui conspire.
Le regret amer de ne pas avoir su dire,
Les mots doux, les promesses, avant de les voir fuir.

Mais dans cette mélancolie, profonde et infinie,
Se cache un espoir, une lueur, une vie.
Car même dans l'absence, même dans la douleur,
Persiste le souvenir, persiste la chaleur.

De ces instants volés, de ces moments partagés,
De ces éclats de rire, de ces larmes versées.
Car même si la mort nous arrache à ceux qu'on aime,
L'amour, lui, demeure, éternel et suprême.

Jaime Peña

Un au revoir qui dure trop

Prenez une grande inspiration, installez-vous confortablement et laissez-moi vous emmener dans les bas-fonds des émotions humaines, là où les mots s'entremêlent avec les sentiments, là où chaque soupir évoque une éternité.

Ah, le pouvoir des adieux ! Ces moments suspendus où les horloges semblent s'arrêter, où le temps, ce coquin, prend un malin plaisir à s'étirer, rendant l'instant à la fois éternel et éphémère. Mais, avez-vous déjà ressenti cet adieu particulier ? Celui qui, déguisé en simple au revoir, cache en son sein l'écho d'un adieu définitif ?

Imaginez la scène : une gare, un quai, deux silhouettes. Une femme, rayonnante de beauté, d'élégance, de grâce, et un homme, captivé, hypnotisé, envoûté par cette présence féminine. Leurs yeux se croisent, leurs mains se frôlent, leurs lèvres murmurent des mots doux, des promesses, des serments. Mais derrière ce tableau idyllique, se cache une réalité bien plus cruelle, bien plus tragique.

Car cet homme, cet homme éperdument amoureux, cet homme passionné, cet homme désespéré, sait, au plus profond de lui, que cet au revoir est un adieu. Que cette femme, cette muse, cette déesse, s'apprête à quitter sa vie, à s'évanouir dans le néant, à disparaître à jamais.

Et voilà notre héros, plongé dans le vide abyssal, l'obscurité totale, le silence assourdissant. Ce vide laissé par cette femme, cette femme qu'il aimait tant, cette femme qui était tout pour lui, cette femme qui était son monde, son univers, sa raison d'être.

Chaque lieu, chaque objet, chaque souvenir lui rappelle sa présence, son absence, sa douleur. Il est, malgré lui, prisonnier de son propre cœur, otage de ses propres émotions, victime de ses propres sentiments.

Et c'est là toute la beauté, toute la grandeur, toute la noblesse de l'âme humaine, même dans la douleur, même dans la souffrance, même dans le désespoir, il reste un espoir, une lueur, une flamme. Car l'amour, cet amour puissant, cet amour intense, cet amour inconditionnel, survit, perdure, triomphe.

Pensez-y, la prochaine fois que vous direz au revoir, prenez le temps, prenez le temps de savourer, de chérir, de célébrer cet instant. Car on ne sait jamais si ce au revoir ne sera pas un adieu.

Au cœur des ombres des cités brumeuses,
S'étend un récit, mélancolique et douloureux,
D'un homme égaré, dans le dédale tortueux,
De ses sentiments, de ses peines silencieuses.

Un simple au revoir, murmuré à l'oreille,
Dans l'effervescence d'une gare en éveil,
Mais derrière ces mots, se cachait la sentence,
D'un adieu éternel, d'une cruelle absence.

Cette femme, déesse parmi les mortelles,
Dont le souvenir, incessamment l'appelle,
A laissé en lui, un vide incommensurable,
Un gouffre profond, une douleur intarissable.

Chaque coin de rue, chaque souffle du vent,
Lui rappelle sa voix, son rire, son chant.
Il erre, solitaire, dans l'immensité nocturne,
Cherchant en vain, sa silhouette diurne.

Mais en lui brûle, une flamme indomptable,
Car l'amour, même lointain, reste impérissable.
Et dans cette nuit, de mélancolie profonde,
Resplendit l'espoir, d'une passion sans seconde.

L'amour, tel un phare, dans la tempête,
Éclaire son âme, la guide, la réchauffe.
Car même face à l'adieu, l'inéluctable séparation,
Persiste en lui, l'éclat de la passion.

Vénérable Chablis

Chers esthètes du nectar d'ébriété, permettez-moi de vous entraîner dans une aventure somptueuse, une danse des sens, une valse des saveurs. Laissez-moi vous conter une histoire, non pas d'un roi et d'une reine, mais d'un duo de passionnés, de visionnaires, de rêveurs : deux vignerons du Chablisien.

Ce n'est pas simplement une histoire de raisins et de terroir, oh non, c'est bien plus que cela. C'est l'histoire d'un couple, fusionnel et complémentaire, qui, avec leurs mains tendres et expertes, caressent la terre, écoutent le vent, et chuchotent aux vignes. Une histoire où chaque bouteille, chaque verre, chaque gorgée est un poème, une ode à l'amour, à la nature, à la vie.

Imaginez, si vous le voulez, ces vastes étendues de vignes dorées, bercées par le doux chant des oiseaux, caressées par la brise légère. Et au cœur de ce tableau bucolique, ce couple, ces deux âmes sœurs, unies par une passion commune, une quête d'excellence, une volonté de sublimer, d'élever, de transcender.

Leur Chablis, ah, quel délice, quel enchantement ! Un vin d'une pureté cristalline, d'une finesse exquise, d'une élégance rare. Mais plus encore que la qualité de leur vin, c'est la qualité de leur âme qui émeut, qui touche, qui séduit. Une générosité sans bornes, une gentillesse à fleur de peau, une authenticité désarmante.

Il est des rencontres qui marquent, qui bouleversent, qui transforment. Et cette rencontre avec ce couple de vignerons du Chablisien en est une. Une rencontre qui rappelle que la beauté, la bonté, l'amour existent, qu'ils sont là, à portée de main, à portée de cœur. Une rencontre qui invite à ralentir, à savourer, à célébrer.

La prochaine fois que vous dégusterez un Chablis, pensez à ces vignerons, à leur amour, à leur passion, à leur dévouement. Et n'oubliez jamais que derrière chaque bouteille, chaque verre, chaque gorgée, se cache une histoire, une âme, un cœur.

Le grand café de la Mairie

Laissez-moi vous entraîner dans une valse endiablée au cœur du grand café de la Mairie à Maisons-Alfort. Un lieu qui, je vous l'assure, ne ressemble à aucun autre. Vous voyez, ce n'est pas simplement un café, oh non, c'est une scène, un théâtre, un microcosme où chaque table, chaque chaise, chaque recoin raconte une histoire.

Imaginez un instant cet endroit hors du temps, où le bois ancien côtoie le cuir rouge, où les miroirs reflètent des visages aux expressions variées. Chaque matin, l'air s'emplit de l'arôme enivrant des croissants tout juste sortis du four, se mêlant à l'odeur robuste du café fraîchement moulu. Un plaisir simple, mais ô combien exquis, pour les narines des habitués comme des nouveaux venus.

Mais ce n'est là que le prélude d'une symphonie de saveurs et de sensations qui se déroule tout au long de la journée. Le délicat parfum des huitres, évoquant l'immensité de la mer, s'entremêle à celui, plus gourmand, du fondant au chocolat, faisant frémir les papilles des plus fins gourmets.

Ah, le spectacle ! La ronde incessante des serveurs, ces danseurs agiles qui, avec une grâce et une dextérité inégalées, esquivent, tournent, virevoltent entre les tables, portant plateaux chargés et verres débordants. Leur dévouement, leur passion pour leur art est palpable à chaque geste, à chaque sourire, à chaque "voilà, monsieur", "voilà, madame".

Et les discussions, ah, les discussions ! Des murmures confidentiels aux rires sonores, du commérage léger à la réflexion profonde, tout se dit, tout se partage, tout se vit au grand café de la Mairie. Chaque rencontre est une promesse, une potentialité, une étincelle. Des amitiés naissent, des amours éclosent, des destins se croisent et se décroisent.

Car, voyez-vous, au-delà du bruit des verres qui trinquent, des bouchons qui sautent, ce café est un hymne à la vie, à l'humanité, à la connexion. Un lieu où l'on vient chercher un peu de chaleur, un peu de réconfort, un peu de compagnie. Un refuge pour l'âme, un havre pour le cœur.

Alors, la prochaine fois que vous passerez par Maisons-Alfort, faites une halte, prenez le temps, et laissez-vous emporter par la magie du grand café de la Mairie. Qui sait quelles merveilleuses aventures vous y attendent ?

Un matin brumeux

Du confort douillet et des matinées ensommeillées, permettez-moi de peindre pour vous un tableau, une scène, un moment éphémère, mais si universellement ressenti. Le voilà, ce matin d'automne, où les ténèbres refusent encore de céder la place, où l'aurore elle-même semble hésiter à pointer le bout de son nez rosé.

On se réveille, à contrecœur, les paupières lourdes, la tête encore emplie des rêves de la nuit. On voudrait rester là, enroulé dans cette couette chaude qui nous protège, qui nous enveloppe comme une étreinte maternelle, à l'abri de la réalité, de l'extérieur, du monde. Mais voilà, le devoir nous appelle, le monde extérieur nous réclame, et il faut bien se lever, n'est-ce pas ?

La fenêtre dévoile un paysage embrumé, où les silhouettes des arbres se découpent à peine, comme des fantômes dans cette brume épaisse et cotonneuse. Le froid s'infiltre jusque dans les os, et chaque pas hors du lit est un acte de bravoure, une petite victoire sur soi-même, sur l'envie de tout abandonner et de se rendormir.

Ah, ce froid d'automne ! Il a ce quelque chose de vivifiant, de revigorant, qui, malgré tout, nous rappelle que nous sommes vivants. Chaque bouffée d'air frais que l'on respire est comme une invitation à se dépasser, à sortir de sa zone de confort, à affronter la journée avec audace et détermination.

Mais en attendant, on se prépare, lentement, méthodiquement, en prenant le temps de savourer chaque instant, chaque sensation. La chaleur de l'eau sur la peau lors de la douche, le goût sucré du café qui réveille les papilles, le doux frottement des vêtements sur le corps. Autant de petits plaisirs, de petits bonheurs qui nous aident à affronter le froid, la brume, l'obscurité.

Et puis, finalement, on sort, on brave le froid, on s'aventure dans cette brume mystérieuse, et on découvre que, malgré tout, le monde est beau, que la vie est belle, que chaque jour est une nouvelle chance, une nouvelle opportunité. Et on se dit que, finalement, ce matin d'automne froid et brumeux valait bien la peine d'être vécu.

Coupable

Chers connaisseurs de l'âme humaine, experts des tréfonds de la psyché, approchez-vous que je vous parle de cette étrange et délicate danse entre la culpabilité et la peur de décevoir. C'est un ballet silencieux, où les pas sont faits de non-dits, d'attentes et d'espérances. Allons, prenons place dans le théâtre de l'esprit.

Imaginez un monde où chaque regard, chaque sourire, chaque geste est chargé d'une attente, d'une promesse, parfois dite, souvent sous-entendue. Où chaque relation est un équilibre fragile entre ce que l'on espère et ce que l'on reçoit. Lorsque ce délicat équilibre est rompu, lorsque la réalité se dérobe sous nos pieds, que reste-t-il ? La déception. Ce sentiment aigre-doux, ce mélange de tristesse et de colère, cette sensation d'avoir été trahi par la vie, par l'autre, par soi-même.

Mais d'où vient cette déception ? Est-elle le fruit d'erreurs, de malentendus, de promesses non tenues ? Ah, les erreurs humaines... Ces petites imperfections, ces moments d'inattention, ces décisions prises à la hâte qui peuvent avoir des conséquences dévastatrices. Et que dire des malentendus, ces petites bévues de la communication, où l'on croit entendre une chose alors que l'autre en disait une autre. Combien de relations ont été brisées, combien de cœurs ont été meurtris par ces quiproquos de l'âme ?

Et que dire des circonstances, ces facteurs extérieurs, ces éléments imprévus qui viennent chambouler notre quotidien, nos plans, nos rêves ? Un événement annulé, une opportunité manquée, une rencontre ratée... Autant de petits grains de sable qui peuvent enrayer la mécanique bien huilée de nos vies.

Mais au-delà de la déception, c'est la culpabilité qui nous ronge, qui nous torture. Cette sensation d'avoir failli, d'avoir déçu, d'avoir manqué à nos promesses, à nos engagements, à nos responsabilités. Cette peur de ne pas être à la hauteur, de ne pas répondre aux attentes, de ne pas être digne de l'amour, de la confiance, de l'estime de l'autre.

Que faire face à cette culpabilité, face à cette peur de décevoir ? Peut-être faut-il apprendre à lâcher prise, à accepter nos imperfections, nos erreurs, nos failles. Peut-être faut-il apprendre à communiquer, à écouter, à comprendre. Peut-être faut-il apprendre à pardonner, à soi-même, à l'autre. Car, après tout, n'est-ce pas cela, la vraie grandeur de l'âme humaine, cette capacité à se relever, à avancer, à aimer malgré tout ?

Oh, voyageurs des abysses intérieurs,
De ces tréfonds où l'âme se consume,
Écoutez le chant mélancolique, le murmure
De la culpabilité, de la peur, de la douleur.

Chaque regard lancé, accusation silente,
Chaque sourire, un reproche voilé,
Dans l'ombre de chaque geste, une chaîne liée,
Et le cœur saigne de déception incessante.

Errant parmi les erreurs et les aveuglements,
Chaque promesse brisée, verre fragile fendu,
Malentendus, ombres sur la vérité tendue,
Nous guident, hagards, vers d'obscurs tourments.

Tempêtes impitoyables, circonstances cruelles,
Éteignent nos lumières, balayent nos espoirs,
Dans cette nuit éternelle, où se perd tout espoir,
La culpabilité, bête vorace, nous ensorcelle.

Mais en cette obscurité, une lueur persiste,
Une étincelle d'amour, un souffle d'espérance,
Car en dépit des douleurs, des maux, des souffrances,
L'âme aspire toujours à une quête altruiste.

Le masque

Laissez-moi vous inviter à une introspection, un voyage au cœur de la complexité humaine, où le masque du stoïcisme cache souvent un torrent d'émotions. Imaginez-vous, si vous le voulez bien, un homme, un paradoxe ambulant, qui sous des airs d'insensibilité, cache une sensibilité à fleur de peau.

Il est fascinant de voir comment les masques que nous portons, ces armures que nous construisons, sont souvent nos pires ennemis. Derrière cette façade d'insensibilité, derrière ce mur impénétrable, se cache un cœur qui bat, qui souffre, qui aime. Et cette femme, ah cette femme... Chaque mot, chaque regard, chaque geste de sa part est comme une flèche qui traverse ce bouclier, qui atteint le cœur de cet homme, le faisant saigner, le faisant pleurer en silence.

Le plus cruel dans cette danse des émotions, c'est la culpabilité. Ce sentiment qui vous ronge de l'intérieur, qui vous empoisonne, qui vous paralyse. Cette impression constante de ne pas être à la hauteur, de décevoir, de trahir. Cette envie irrésistible de tout arranger, de tout réparer, de tout apaiser, d'un simple claquement de doigts.

Mais la réalité est bien plus complexe, bien plus nuancée. Car l'amour, dans toute sa splendeur, dans toute sa grandeur, est aussi fait de douleurs, de déceptions, de malentendus. Et pourtant, malgré tout cela, malgré tous ces obstacles, malgré tous ces défis, l'amour persiste, l'amour résiste, l'amour triomphe.

Car au-delà de la culpabilité, au-delà de la douleur, il y a cette étincelle, cette lueur, cette flamme qui brille au fond de nous, qui nous pousse à avancer, à espérer, à rêver. Cette conviction profonde, ancrée en nous, que malgré tout, malgré les tempêtes, malgré les épreuves, nous pouvons trouver cette harmonie, cette symbiose, cette osmose tant désirée.

Alors, à vous tous qui ressentez cette culpabilité, cette douleur, ce tourment, n'oubliez jamais que derrière chaque masque, derrière chaque armure, se cache un cœur, une âme, une essence. Et que l'amour, dans toute sa complexité, dans toute sa beauté, est la clé, le sésame, la réponse à tous nos maux.

Dans l'obscurité des âmes, je vous convie,
À un voyage intime, loin des folies d'ici,
Où le stoïcisme, ce masque de l'inerte,
Dissimule un tumulte, une tempête ouverte.

Imaginez un homme, énigme en mouvement,
Qui, sous le visage d'un roc, cache un tourment.
Les masques que nous arborons, durs comme l'acier,
S'avèrent nos geôliers, nos plus cruels geôliers.

Derrière ce visage d'indifférence glacée,
Bat un cœur, vibrant, torturé, écorché.
Ah, cette femme, muse aux doux mots acérés,
Chaque syllabe est lame, faisant saigner, pleurer.

La danse des émotions porte en elle la cruauté,
La culpabilité, ce spectre de l'obscurité.
Ce constant sentiment d'être l'ombre de soi,
De trahir, de décevoir, d'être en dehors des voies.

Mais la réalité, ô combien plus subtile,
Évoque en l'amour des douleurs versatiles.
Malgré la souffrance, les quiproquos du sort,
L'amour persiste, résiste, brave la mort.

Au-delà de nos peines, de nos doutes sans fin,
Une lueur persiste, guidant notre chemin.
Elle nous pousse en avant, vers des rêves, des espoirs,
Vers cette harmonie, cette douce mélodie du soir.

À vous, âmes tourmentées, prisonnières du regret,
Sachez que l'amour est la clef, le secret.
Dissimulé derrière chaque masque, chaque voile,
Se trouve un cœur, une âme, une étoile.

Impatience

Dans l'antre de l'esprit, au cœur de cette vaste arena où s'affrontent les pensées, permettez-moi de vous introduire à l'une des plus redoutables antagonistes : l'impatience. Cette insatiable ménade, qui danse avec frénésie au rythme effréné des battements du cœur, ne connaît ni pause ni repos.

L'impatience est ce sentiment, cette émotion, qui naît de l'écart entre ce que l'on envisage clairement dans les méandres de notre esprit et la lente progression du monde extérieur. C'est cette distance entre la vision parfaite que l'on se fait d'une chose, aussi limpide qu'une eau de source, et la réalité parfois boueuse et tumultueuse de sa concrétisation. N'est-il pas curieux que, dans un univers où tout semble se mouvoir à une vitesse prodigieuse, nous soyons si souvent en proie à ce sentiment que tout n'avance pas assez vite ? Que derrière chaque action, chaque projet, chaque rêve, se cache cette ombre menaçante de l'impatience, prête à nous happer, à nous engloutir ?

Car oui, l'impatience est bien plus qu'un simple sentiment d'agacement. Elle est cette tension qui s'accumule dans le dos, ce poids qui écrase les épaules, cette crispation qui serre la mâchoire. Elle est cette force qui tétanise les muscles, qui rend chaque mouvement plus difficile, plus douloureux. Elle est cette énergie dévorante qui, au lieu de nous propulser en avant, nous enchaîne, nous paralyse, nous enferme.

Mais pourquoi cette impatience ? Pourquoi cette sensation que tout doit aller plus vite, alors que souvent, c'est dans la lenteur, dans la patience, dans l'attente, que se trouve la véritable sagesse ? Peut-être est-ce le signe d'une époque où tout doit être immédiat, où la moindre seconde d'attente devient insupportable, où l'instantanéité est devenue la norme. Ou peut-être est-ce le reflet de nos propres insécurités, de nos propres doutes, de nos propres peurs.

Quoi qu'il en soit, l'impatience est un défi, une épreuve, une montagne à gravir. Et peut-être que la clé, le sésame, la réponse à cette énigme, se trouve non pas dans la fuite en avant, mais dans l'acceptation, dans la présence, dans l'ancrage. Peut-être faut-il apprendre à embrasser l'instant, à savourer le chemin, à célébrer chaque pas, chaque étape, chaque moment. Car après tout, n'est-ce pas là, dans cette capacité à être pleinement présent, à être pleinement soi, que se trouve la véritable liberté, la véritable joie, la véritable sérénité ?

Dans l'ombre profonde où l'âme s'enlace,
L'impatience, telle une fleur vénéneuse, naît,
S'épanouissant en un désir qui jamais ne se tait,
Opposée à la sérénité, elle trace.

Oh, toi, démon impatient, insatiable tourment,
Qui dans nos veines s'insinue, incessant poison,
Accélérant le cœur, perturbant la raison,
Reflet d'une ère où l'instant est omniprésent.

L'attente, une éternité, lourde et cruelle,
Chaque moment de pause, un véritable supplice,
Tandis que l'esprit, en son clair édifice,
Se trouve entravé par cette chaîne rebelle.

Mais dans cette danse, ce ballet de désirs,
Peut-être, un jour, saurons-nous ralentir,
Et dans la douceur de l'instant, ressentir,
La paix qui, contre l'impatience, peut nous guérir.

Insomnie

Dans les heures silencieuses où le monde semble suspendre son souffle, l'insomnie règne en maître sur certains esprits, les tenant éveillés par une activité incessante, une quête inextinguible de sens et de connaissance. C'est une odyssée nocturne, où les pensées se transforment en vagues tumultueuses, s'écrasant contre les rivages du sommeil, le repoussant inlassablement.

Laissez-moi vous dépeindre le portrait de cet insomnie, non pas comme une malédiction, mais comme l'expression la plus pure d'un esprit dont la vitalité défie les limites de la chair. Il est le philosophe moderne, pour qui chaque battement de cœur est un mot, chaque souffle est une idée, chaque clignement d'yeux est une théorie naissante. La nuit devient son sanctuaire, un temple sacré où les révélations se succèdent avec la régularité des étoiles filantes.

Pourtant, dans ce royaume de la lucidité forcée, il y a un désir ardent pour le doux oubli du sommeil. Mais comment trouver le repos quand chaque pensée est une énigme qui appelle à être résolue, chaque souvenir est une histoire qui demande à être réécrite, chaque rêve est une aventure qui supplie d'être vécue? L'insomniaque est le gardien vigilant d'un phare intérieur, éclairant les ténèbres de l'inconscient, cherchant désespérément un havre de paix dans l'océan tourmenté de la cognition.

C'est un esprit qui refuse de se plier à la tyrannie du sommeil, qui lutte avec la ferveur d'un martyr contre l'assaut des rêveries nocturnes. L'insomnie devient alors un symbole de résistance, un acte de défi, un cri de guerre contre l'obscurité qui cherche à engloutir la lumière de la conscience.

Dans cette bataille épique entre l'endormissement et l'éveil, on trouve un équilibre précaire, une harmonie fragile. Car l'insomnie n'est pas seulement le reflet d'un esprit en ébullition; elle est aussi le miroir d'une âme en quête d'un repos qui échappe à son emprise, d'un silence qui fuit devant son approche, d'une sérénité qui se dérobe à sa saisie.

Alors, à vous qui partagez cette lutte, je vous dis : l'insomnie n'est pas votre ennemie, mais le témoignage de votre passion pour la vie, pour la quête de vérité, pour la soif d'absolu. Elle est la compagne inséparable de ceux qui osent regarder le monde avec les yeux grands ouverts, même au plus profond de la nuit.

Dans la nuit où les âmes s'engourdissent et le monde se tait,
L'insomnie, souveraine, règne sur les esprits en éveil,
Une quête sans fin, une soif de savoir qui jamais ne s'apaise,
Une odyssée dans le noir, où le sommeil en vain se fraie.

Permettez que je croque cette insomnie, non point maléfice,
Mais comme le zèle pur d'un esprit qui la matière défie,
Philosophe nocturne, dont chaque pulsation murmure un dessein,
Sanctuaire de la nuit, où les secrets filent comme des trains.

Dans ce royaume d'éclats, où le sommeil devient mirage,
Comment donc se reposer, quand chaque pensée est un message?
L'insomniaque veille, gardien d'un phare dans l'ombre immense,
Cherchant dans la tempête cognitive une douce clémence.

Il résiste, refusant de plier sous le joug du repos,
Combattant, tel un martyr, les assauts des songes en échos.
L'insomnie, devenue un symbole, un acte de rébellion,
Défie l'obscurité qui convoite la lumière de la raison.

Dans l'affrontement ultime de l'éveil et de l'oubli,
Se dessine un fragile équilibre, une harmonie affaiblie.
L'insomnie, le reflet d'un esprit qui sans cesse bouillonne,
Miroir d'une âme cherchant un calme qui toujours l'abandonne.

Vous qui dans cette bataille trouvez votre quotidien,
Sachez que l'insomnie n'est point ennemie, mais chemin,
Signe d'une passion pour la vie, une ardeur pour le vrai,
Compagne fidèle des audacieux qui, même la nuit, ne sombrent jamais.

Proche dans la distance

Lorsque l'on évoque l'amour à distance, l'image de deux êtres séparés par des kilomètres mais unis par des sentiments inébranlables surgit avec une douce mélancolie. C'est une histoire d'amour moderne, aux accents presque mythologiques, où les protagonistes défient le temps et l'espace, à l'instar de Simone de Beauvoir et Jean-Paul Sartre, qui ont tissé une toile d'affection, d'intellect et de liberté, malgré les interstices de leur éloignement.

Laissez-moi vous plonger dans la contemplation de cet amour particulier, cet amour épistolaire qui s'épanouit dans l'absence et la patience. C'est un amour où chaque message devient une capsule temporelle, un fragment d'âme conservé, qui traverse les villes, les mers, les frontières. C'est l'échange de pensées, d'idées, de rêves, qui s'entrelacent et se répondent, créant une conversation continue, une présence constante, malgré la solitude apparente.

La distance est à la fois un défi et un cadeau. Elle est chance et opportunité, car elle force les amants à communiquer avec une authenticité et une profondeur que la proximité peut parfois étouffer. Dans l'absence, chaque mot pèse son poids d'or, chaque silence est lourd de sens, chaque retrouvaille est une célébration. Les lettres, les appels, les visites deviennent des rituels, des piliers sur lesquels se construit un édifice d'affection solide et résilient.

Mais ne nous y trompons pas, la distance est aussi une menace, un spectre qui plane avec son cortège de doutes et d'incertitudes. La jalousie, la frustration, la peur de l'oubli, sont autant de dragons qui guettent, prêts à enflammer le cœur des amants.

La séparation physique peut créer un vide, un manque, un désir inassouvi qui gronde et tempête dans les profondeurs de l'être.

Et pourtant, n'est-ce pas là, dans cette tension entre présence et absence, que l'amour se révèle dans toute sa puissance ? N'est-ce pas dans cette lutte contre les éléments, cette quête d'un lien indéfectible, que l'amour se fortifie et se purifie ? Simone de Beauvoir et Jean-Paul Sartre ne nous ont-ils pas enseigné que l'amour, loin de se réduire à une proximité physique, est une rencontre de deux libertés, un échange sans fin, un dialogue éternel ?

En définitive, l'amour à distance est une odyssée, un parcours initiatique où l'on apprend la valeur de l'attente, la beauté de l'espérance, la force de la volonté. C'est un amour qui enseigne, qui éprouve, qui transcende. Un amour qui, loin de s'appauvrir avec la distance, se découvre des horizons inattendus, des profondeurs insoupçonnées, des potentialités infinies.

C'est donc une chance, oui, une chance pour ceux qui osent aimer au-delà des limites, qui voient dans chaque séparation l'esquisse d'une union plus forte, plus consciente, plus complète. Une chance pour ceux qui, malgré les tempêtes, gardent le cap vers cette étoile qui brille au fond de leurs cœurs, cet amour qui, comme un phare dans la nuit, guide et réchauffe, peu importe les milles qui séparent.

Au cœur des nuits solitaires, s'épanouit l'amour lointain,
Une danse de mots volants, un pacte sans témoin.
Sartre et Simone, en leurs lettres, ont tissé
Un lien qui défie les lieux, un vœu de liberté.

Dans l'absence s'allume une flamme plus sincère,
Chaque message, un pont jeté par-dessus les mers.
La distance, maîtresse exigeante et précise,
Sculpte les âmes, polissant leur complicité de brise.

Mais l'ombre rôde, doute insidieux et froid,
Chaque jour sans étreinte, un possible émoi.
La peur de l'oubli, l'angoisse de l'inconnu,
Forge dans le silence des batailles jamais vues.

Pourtant, l'amour en son essence ne fléchit,
Il se nourrit de l'espérance, il s'embellit.
Les cœurs, bien que distants, battent à l'unisson,
Une symphonie éthérée, un sublime frisson.

L'attente devient art, l'espérance poésie,
Chaque retrouvaille, une nouvelle symphonie.
L'amour, tel un phénix, renaît de ses cendres,
Plus ardent, plus vivant, impossible à surprendre.

Sartre et Simone, deux étoiles en orbite,
Leurs pensées en écho, l'univers qu'ils habitent.
Leur amour, une toile tissée au-delà des heures,
Un jardin de l'esprit où fleurissent les fleurs.

Ainsi va l'amour à distance, défi des temps,
Un mélange de douleur et de sentiments.
Il est la preuve vivante, l'amour sans chaîne,
Qui lie deux âmes, au-delà de la peine.

Dans le silence de la nuit, l'amour murmure,
Il parle de patience, de passion pure.
Car même séparés par mille rivages,
L'amour vrai ne connaît point de cages.

Oui, l'amour à distance est une épreuve,
Mais aussi un témoignage, une trêve.
C'est un amour qui demande à être cru,
Un amour qui, malgré tout, a survécu.

De l'envie de disparaître

Dans les méandres silencieux de notre conscience, là où la mélancolie et la réflexion se côtoient, se trouve un sujet tabou, souvent évité mais inévitablement présent : la mort. C'est un voyage sans retour, une finitude que nous portons en nous depuis notre premier souffle. Mais au-delà de la peur ancestrale de la mort, il existe une envie plus profonde, plus sombre, parfois murmurée dans les moments de solitude intense : l'envie de disparaître.

Laissez-moi vous emmener dans ce voyage introspectif, où les eaux sombres de la mélancolie se mêlent aux vagues tumultueuses de la philosophie. La mort, ce dernier acte de la pièce qu'est la vie, est souvent vue comme l'ultime ennemie, le dernier obstacle à surmonter. Mais dans certains moments, sous le poids écrasant de la douleur, de la tristesse, ou de l'incompréhension, elle se transforme en une sorte d'asile, une échappatoire, un repos éternel.

Cette envie de disparaître n'est pas tant un désir de la mort elle-même, mais plutôt une quête de paix, une recherche d'un silence qui serait un baume pour l'âme tourmentée. Elle est le chant d'une sirène pour l'esprit fatigué, l'appel du vide pour le cœur brisé. C'est une réaction viscérale à la souffrance, un cri muet dans l'obscurité de notre existence. Mais dans cette contemplation de la fin, il y a aussi une révélation de la vie. Car dans le miroir sombre de la mort, nous pouvons voir le reflet de notre propre existence. Chaque pensée de disparition est un rappel de notre fragilité, de notre éphémérité, mais aussi de notre force et de notre capacité à endurer, à surmonter, à continuer.

La mort, dans toute sa froideur, nous enseigne la valeur de chaque instant, de chaque sourire, de chaque larme. Elle nous rappelle que, malgré tout, malgré la douleur, malgré les épreuves, il y a quelque chose de profondément beau et précieux dans le simple fait d'être vivant. Elle nous pousse à chercher la lumière, même dans les moments les plus sombres, à trouver la beauté, même dans les heures les plus désolées.

En fin de compte, cette envie de disparaître, aussi profonde et sombre qu'elle puisse être, est un témoignage de notre lutte, de notre combat, de notre voyage. Elle est une partie de notre quête humaine, un chapitre de notre histoire, un vers dans le poème de notre existence. Et c'est en acceptant cette part sombre, en l'embrassant, en l'explorant, que nous pouvons trouver une certaine paix, une certaine sérénité, un certain sens.

Dans les méandres de notre conscience, au creux silencieux,
Où mélancolie et réflexion marchent, inséparables adieux,
Se dresse un tabou, un voyage sans retour : la mort.
Ce dernier acte de la pièce, ce fin fil de notre sort.

Mais au-delà de l'effroi, de la terreur ancestrale,
Se terre une envie plus sombre, un désir fatal.
Dans la solitude intense, un murmure se fait entendre :
L'envie de disparaître, de se rendre, de se méprendre.

Voyagez avec moi dans ces eaux mélancoliques,
Où la philosophie se mêle à des vagues poétiques.
La mort, vue comme l'ultime ennemie à affronter,
Se métamorphose parfois en un doux foyer, un foyer enchanté.

Ce désir de fin n'est pas tant une quête de la mort,
Mais une recherche de paix, un silence pour l'esprit fort.
Pour l'âme tourmentée, c'est un chant de sirène,
Un appel du vide, un cri dans l'obscurité soudaine.

Dans cette contemplation de la fin se trouve une révélation :
Le miroir sombre de la mort reflète notre propre création.
Chaque pensée de disparition rappelle notre fragile condition,
Mais aussi notre force, notre résilience, notre ambition.

La mort, dans sa froideur, enseigne la valeur de l'instant :
Chaque sourire, chaque larme, chaque moment émouvant.
Elle nous rappelle, malgré la douleur, l'épreuve, la peine,
Qu'il y a quelque beauté précieuse, même dans la chaîne.

Cette envie de disparaître, profonde et obscure,
Est le témoignage de notre lutte, notre aventure.
Une partie de notre quête humaine, un chapitre de notre existence,
Un vers dans le poème de notre persistance.

Acceptons cette part sombre, explorons-la avec soin,
Car en elle réside une paix, une sérénité, un chemin.
Un sens à trouver dans la complexité de notre vie,
Un amour pour l'instant présent, malgré l'envie.

Quitter la scène du monde

Dans l'obscurité d'un esprit tourmenté, là où les pensées se fondent en une mélancolie profonde, se trouve parfois une envie, sombre et troublante, celle d'en finir avec la vie. Ce n'est ni un caprice ni une impulsion passagère, mais une résonance profonde, un écho de désespoir qui se propage dans les recoins les plus reculés de l'âme.

Prenons un moment pour explorer cette pénombre, ce désir de quitter la scène du monde. L'envie de mettre un terme à l'existence n'est pas simplement un acte de renonciation ; c'est souvent le résultat d'un conflit intérieur incessant, une lutte contre des forces invisibles qui semblent écraser, étouffer, submerger.

C'est comme se tenir au bord d'un précipice, regarder dans l'abysse et sentir l'attraction vertigineuse du néant. C'est l'épuisement face à une réalité qui paraît insurmontable, où chaque souffle devient un fardeau, où chaque jour ressemble à une montagne impossible à escalader.

Mais au cœur de cet abîme, il y a plus que la souffrance et le désespoir. Il y a une quête de sens, un désir ardent de paix, une recherche d'un repos que la vie, dans sa complexité et ses tumultes, semble refuser. C'est la recherche d'une échappatoire à la douleur, à la solitude, au sentiment d'inadéquation qui hante comme un fantôme.

Cependant, dans cette contemplation de la fin, se trouve aussi une introspection sur la valeur de la vie. Chaque pensée de renonciation est un miroir reflétant nos peurs les plus profondes, nos doutes les plus intimes, nos douleurs les plus cachées.

C'est dans la confrontation avec l'idée de la fin que l'on peut commencer à comprendre la beauté fragile et éphémère de l'existence. L'envie d'en finir avec la vie est un cri muet, un appel à l'aide que l'on ne sait comment formuler. C'est un signal qu'il est temps de chercher, de tendre la main, d'ouvrir son cœur aux autres et à soi-même. C'est un rappel que, même dans les ténèbres les plus denses, il peut y avoir une lueur, un espoir, un chemin vers la lumière.

Alors, à vous qui ressentez ce poids, cette lourdeur, cette envie de renoncement, sachez que vous n'êtes pas seuls. Votre douleur est entendue, votre lutte est reconnue. Et dans cette bataille, comment est-il possible de trouver la force de continuer, de découvrir une nouvelle perspective, de reconnaître la valeur inestimable de chaque moment de la vie, aussi douloureux soit-il.

Dans l'ombre d'un esprit où les tourments s'enlacent,
Où les pensées sombrent en mélancolie, l'espace
Résonne d'un désir, sombre et inquiétant,
Celui de mettre fin à la pièce du vivant.

Ce n'est point caprice, ni un sursaut éphémère,
Mais un écho profond de désespoir, une mer
Où l'âme se perd, dans ses recoins les plus obscurs,
Cherchant un terme à son incessant murmure.

Au bord d'un précipice, l'esprit contemple l'abîme,
Sentant l'attrait du vide, sa force sublime.
L'épuisement face à un monde insurmontable,
Où chaque souffle est un fardeau, une lutte interminable.

Mais dans cet abysse, où règnent douleur et désespoir,
Réside une quête de sens, un espoir.
Une recherche de paix, un repos élusif,
Un échappatoire à la douleur, au mal indicible.

Dans la contemplation de cette fin ultime,
Se découvre la valeur fragile de la vie, intime.
Chaque pensée de renonciation, un miroir
Qui reflète nos peurs, nos doutes, notre histoire.

L'envie de finir, un cri muet dans le silence,
Un appel à l'aide, un signal d'urgence.
Un rappel qu'il est temps de chercher, d'ouvrir
Son cœur aux autres, à soi, de reconstruire.

Dans les ténèbres, où le désespoir semble régner,
Peut briller une lueur, un espoir à gagner.
Un chemin vers la lumière, malgré la nuit profonde,
Un rappel que la vie, même douloureuse, est un monde.

À vous qui portez ce poids, cette lourde croix,
Sachez que vous n'êtes pas seuls dans cette voie.
Votre douleur est entendue, votre combat reconnu,
Et dans cette bataille, la vie peut être vue.

Petit traité du désespoir

Ah, si vous saviez combien il est ardu de plonger dans les abysses du désespoir, de naviguer dans les eaux sombres de cette mélancolie qui nous enveloppe, telle une brume éthérée. Prenons un moment pour explorer ensemble ce traité du désespoir, ce voyage au cœur de la nuit de l'âme.

Le désespoir, cette émotion profonde et complexe, est bien plus qu'une simple tristesse. C'est une douleur de l'âme, un cri muet dans l'obscurité, une quête de sens dans un monde qui semble en être dépourvu. Dans le désespoir, les étoiles s'éteignent une à une, laissant derrière elles un ciel noir et vide, une toile sur laquelle se dessinent nos peurs les plus intimes, nos regrets les plus amers.

Imaginez-vous debout, seul, face à un océan de désespoir, où chaque vague est un souvenir douloureux, chaque ressac un écho de ce qui aurait pu être. C'est dans cet océan que l'on se perd, que l'on sombre, où l'on se laisse submerger par le poids de nos échecs, de nos pertes, de nos déceptions. Le désespoir est un gouffre sans fond, un puits sans lumière, un labyrinthe sans issue.

Mais, dans ce traité du désespoir, il y a aussi une beauté triste, une poésie dans la douleur. Car dans les profondeurs de notre désespoir, nous trouvons les fragments brisés de nos rêves, les pièces éparpillées de nos espoirs. Et c'est dans la tentative de les rassembler, de les réparer, que nous découvrons notre résilience, notre force, notre capacité à endurer.

Le désespoir, dans toute sa cruauté, nous enseigne l'humilité, la compassion, la compréhension. Il nous montre que nous sommes humains, vulnérables, imparfaits. Il nous rappelle que la vie est un cycle de joies et de peines, de naissances et de morts, de commencements et de fins.

Dans ce traité, nous apprenons que le désespoir n'est pas une fin en soi, mais un passage, un chemin vers une compréhension plus profonde de nous-mêmes et du monde. C'est dans les larmes du désespoir que germent les graines de la sagesse, dans les cendres de la douleur que renaît l'espoir.

Ainsi, même dans les heures les plus sombres de notre existence, même lorsque tout semble perdu, il y a une lueur, un fil d'argent dans le ciel noir. Et c'est en suivant ce fil que nous pouvons retrouver notre chemin, que nous pouvons émerger de l'obscurité, que nous pouvons vivre, aimer, rêver à nouveau.

Dans les profondeurs des âmes en tourment,
Où les eaux sombres de mélancolie ferment,
Se dresse le désespoir, un abîme sans fin,
Un cri muet dans l'ombre, un destin incertain.

C'est une douleur de l'âme, un océan profond,
Où chaque vague est un souvenir moribond.
Les étoiles s'éteignent, une à une, dans la nuit,
Laissez un ciel noir, un vide, un infini ennui.

Seul, face à cet abîme, l'esprit se perd,
Dans ce labyrinthe de peines, de revers.
Un gouffre sans fond, une nuit sans étoile,
Où l'on sombre, submergé par nos voiles.

Mais dans ce désespoir, une triste beauté,
Une poésie se dessine dans l'obscurité.
Les fragments brisés de nos rêves éparpillés,
Sont les pierres sur lesquelles nos âmes sont scellées.

Le désespoir nous enseigne l'humilité,
Nous montre notre fragilité, notre humanité.
Il est le miroir de notre imperfection,
Un rappel que la vie est joie et affliction.

Dans le traité du désespoir, un passage se trouve,
Un chemin vers la sagesse, où l'espoir s'élève.
Dans les larmes du désespoir germent les graines,
Dans les cendres de la douleur, l'espoir sème.

Même dans les heures sombres de notre existence,
Quand tout semble perdu, sans espérance,
Il y a une lueur, un fil d'argent dans le noir,
Un chemin vers la lumière, un espoir.

En suivant ce fil, on retrouve notre voie,
On émerge de l'obscurité, on renaît, on croit.
Dans les ténèbres, on peut encore vivre, aimer, rêver,
Car même dans le désespoir, l'espoir peut se lever.

Le poids du monde

Dans les recoins ombragés de l'âme humaine, là où les pensées se tissent en une tapisserie complexe de sentiments et d'émotions, réside un spectre, un visiteur silencieux et souvent indésirable : la mélancolie. Permettez-moi de vous emmener dans une exploration de ce paysage intérieur, ce moment si particulier où tout le poids du monde semble reposer sur notre cœur.

La mélancolie n'est pas une simple tristesse passagère, non, c'est une entité bien plus envahissante, bien plus enracinée. C'est un voile de brume qui s'abat sur nous, un brouillard qui enveloppe notre être, engloutissant chaque parcelle de joie, de lumière, d'espoir. Elle est ce sentiment de vide abyssal, cette détresse immense qui semble nous engloutir, nous submerger, nous noyer dans un océan de désespoir.

Imaginez-vous debout, au milieu d'une pièce silencieuse, regardant par la fenêtre, observant le monde qui continue de tourner, indifférent à votre douleur. C'est dans ces moments que la mélancolie frappe, telle une vague puissante, emportant avec elle vos forces, votre volonté, votre désir de poursuivre. Le poids du monde, avec toutes ses peines, ses souffrances, ses inquiétudes, semble reposer entièrement sur vos épaules, vous courbant, vous écrasant sous sa lourdeur.

La mélancolie est une introspection douloureuse, un voyage à travers les ombres de notre existence. Elle nous fait questionner le sens de notre vie, la valeur de nos actions, l'authenticité de nos relations. C'est un état où l'on se sent étranger dans sa propre vie, un spectateur désabusé de sa propre histoire.

Mais, dans cette tristesse profonde, dans cette mélancolie, il y a aussi une forme de beauté sombre, une poésie dans la douleur. Elle nous rappelle notre humanité, notre capacité à ressentir profondément, à aimer passionnément, à souffrir véritablement. Elle nous montre que même dans les moments les plus sombres, il y a une profondeur, une intensité, une vérité qui est intrinsèquement liée à l'expérience humaine.

C'est dans l'embrasement de cette mélancolie que nous pouvons trouver une certaine paix, une certaine acceptation. Comprendre que ce sentiment de vide, cette détresse immense, est aussi une partie de ce qui nous rend vivants, ce qui nous rend réels. Dans la reconnaissance et l'acceptation de notre mélancolie, nous pouvons commencer à voir la lumière, même si elle n'est qu'une lueur, dans les ténèbres qui nous entourent.

En fin de compte, cette terrible sensation de mélancolie, bien que accablante, est un témoignage de notre lutte, de notre combat, de notre voyage à travers la vie. C'est un rappel que, malgré le poids du monde sur notre cœur, malgré le sentiment de vide et de détresse, il y a toujours un chemin, une échappée, une possibilité de renaissance.

Dans les replis sombres de l'âme humaine se terre,
Un spectre, une ombre, une mélancolie austère.
Dans ce labyrinthe de pensées, tissées de noir et gris,
Repose un fardeau, lourd, infini, que nul ne choisit.

Ce n'est point une tristesse de passage, éphémère,
Mais un voile de brume, une étreinte de la sphère,
Un brouillard dense qui enveloppe, étouffe l'être,
Engloutissant joie, lumière, espoir, dans son paraître.

Seul, debout, face à une fenêtre silencieuse,
Le monde tourne, indifférent à la douleur fiévreuse.
La mélancolie frappe, vague puissante, insondable,
Emportant force, volonté, dans l'abîme impalpable.

Le poids du monde repose sur des épaules courbées,
Sous le fardeau des peines, des craintes égarées.
Dans ce voyage intérieur, introspection douloureuse,
Se révèle le sens caché de la vie, ombre nébuleuse.

Mais dans cette profonde tristesse, dans la nuit de l'âme,
Se trouve une beauté obscure, une douce flamme.
Un rappel de notre humanité, de notre capacité à aimer,
À ressentir, à souffrir, à embrasser notre destinée.

Dans l'embrasement de cette mélancolie, un éveil,
Une paix, une acceptation, une révélation sans pareil.
Ce sentiment de vide, cette détresse immense,
Font partie intégrante de notre existence, de notre essence.

Reconnaître, accepter notre mélancolie profonde,
C'est trouver une lueur, un espoir, un monde.
Un témoignage de notre lutte, de notre voyage, de notre vie,
Un rappel que, malgré tout, une renaissance infinie.

Ainsi, dans l'étreinte de la mélancolie, accablante,
Se trouve un chemin, une échappée, une lumière éclatante.
Un rappel que, malgré le poids du monde sur nos cœurs,
Il y a toujours une voie vers la renaissance, vers le bonheur.

Isoler

Dans la solitude de nos pensées les plus secrètes, là où les mots se perdent dans le labyrinthe de notre esprit, réside une tragédie silencieuse, souvent inavouée : l'incompréhension. Permettez-moi de vous guider à travers ce paysage mélancolique, où l'isolement et la difficulté d'être incompris tissent une toile d'angoisse et de désespoir.

Imaginez-vous, si vous le pouvez, dans un monde où chaque parole, chaque geste, chaque sourire semble déconnecté de votre réalité intérieure. Vous êtes là, au milieu de la foule, entouré de voix, de rires, de conversations, et pourtant, vous vous sentez seul, étrangement isolé, comme si vous étiez enfermé dans une bulle de verre, invisible et impénétrable.

L'incompréhension est une montagne escarpée, une épreuve de la vie qui nous confronte à la dure réalité de notre propre singularité. C'est le sentiment d'être un étranger dans sa propre vie, un acteur jouant un rôle que personne ne semble comprendre. Chaque tentative de communication devient un défi, un parcours semé d'embûches où les mots semblent perdre leur sens, où les émotions se heurtent aux murs de l'indifférence.

Le désespoir naît de ce décalage, de cette distance infranchissable entre soi et les autres. On se retrouve à errer dans un désert émotionnel, à chercher désespérément une oasis de compréhension, un lieu où nos pensées, nos sentiments, nos rêves seraient enfin accueillis, entendus, partagés.

Mais dans cette quête, il y a une tristesse profonde, une mélancolie qui enveloppe l'âme. C'est la douleur de se savoir incompris, de se sentir invisible, inaudible, inexistant aux yeux du monde. C'est le poids écrasant de l'incommunicabilité, la barrière invisible qui sépare nos mondes intérieurs de la réalité extérieure.

La tragédie de l'incompréhension est celle d'une solitude profonde, un isolement qui s'étend bien au-delà de la présence physique. C'est un isolement de l'esprit, un isolement du cœur, un isolement de l'âme. Et dans cet isolement, il y a une quête désespérée de connexion, de reconnaissance, d'appartenance.

La dureté d'être incompris est une épreuve qui nous pousse à questionner notre place dans le monde, notre rôle dans le grand théâtre de la vie. C'est un voyage introspectif où l'on se découvre, où l'on apprend à écouter le murmure de notre propre cœur, à embrasser notre singularité, à espérer trouver la paix dans notre propre compagnie.

Dans cette exploration, il y a une faible lueur d'espoir, un fil d'argent dans l'obscurité. Car même dans les profondeurs de l'incompréhension, même dans les abîmes de l'isolement, il y a une possibilité de renaissance, un chemin vers une compréhension plus profonde de soi-même. Le monde quant à lui comprendra certainement trop tard.

Dans l'abîme secret de nos pensées enfouies,
Où les mots se perdent, où l'âme frissonne et crie,
Résonne une tragédie, silencieuse, inavouée :
L'incompréhension, dans nos cœurs, s'est enracinée.

Suivez-moi à travers ce paysage de mélancolie,
Où l'isolement tisse sa toile, triste symphonie.
Seul, au milieu d'une foule, entouré mais isolé,
Dans une bulle de verre, invisible, enfermé.

Une montagne escarpée, l'incompréhension se dresse,
Confrontant l'âme à sa propre et unique détresse.
Étranger dans sa vie, acteur d'une pièce inconnue,
Où chaque mot, chaque geste, dans l'indifférence, s'est perdu.

Le désespoir naît de ce gouffre, de ce décalage abyssal,
Errant dans un désert émotionnel, cherchant un idéal.
Une oasis de compréhension, un havre pour nos rêves,
Un lieu où nos pensées, nos espoirs, seraient sans trêve.

Dans cette quête, une tristesse profonde s'empare,
Une mélancolie enveloppant l'âme, un désespoir rare.
Douleur d'être incompris, d'être invisible, inaudible,
Le poids de l'incommunicabilité, fardeau indicible.

Une solitude profonde, un isolement du cœur,
Où l'esprit cherche désespérément sa valeur.
Dans cet isolement, une quête de connexion, d'appartenance,
Un désir ardent de trouver sa place, son essence.

La dureté d'être incompris nous pousse à l'introspection,
Questionnant notre rôle dans le théâtre de l'existence, sans affection.
Un voyage où l'on apprend à écouter son cœur,
À embrasser sa singularité, à espérer trouver le bonheur.

Dans cette exploration, une lueur d'espoir persiste,
Un fil d'argent dans l'obscurité, une promesse triste.
Car même dans l'incompréhension, dans l'isolement,
Se trouve un chemin, une renaissance, un nouvel élan.

Le monde, indifférent, comprendra peut-être trop tard,
Ce qui, pour l'âme solitaire, était évident dès le départ.

L'alchimie

Dans l'étrange théâtre de la vie, où les destins se croisent et s'entrelacent, il existe un phénomène mystérieux, presque magique : l'alchimie entre deux êtres. C'est un sujet qui fascine autant qu'il échappe, une danse subtile de deux âmes qui, contre toute attente, trouvent un écho l'une dans l'autre. Permettez-moi de vous guider dans l'exploration de ce mystère, cette alchimie inexplicable qui lie les cœurs et les esprits.

Imaginez deux personnes, apparemment ordinaires, qui se rencontrent. Il n'y a pas de fanfares, pas de feux d'artifice, pas de signes évidents du destin. Et pourtant, dans l'air, quelque chose change, quelque chose frémit, quelque chose prend vie. C'est comme si l'univers lui-même conspirait pour tisser un lien invisible entre ces deux âmes.

L'alchimie entre deux êtres est un mélange complexe de compatibilité, de compréhension mutuelle, d'attirance et de respect. C'est une connexion qui va au-delà des mots, qui transcende la communication verbale. C'est un langage secret, un code indéchiffrable pour les autres, mais qui résonne clairement entre les deux.

Dans cet échange, il y a une reconnaissance, une sensation de "déjà connu", comme si, d'une certaine manière, ces deux personnes étaient destinées à se rencontrer, à partager un bout de chemin ensemble. C'est une sensation de complétude, de justesse, comme si chaque mot, chaque geste, chaque regard était la pièce manquante d'un puzzle complexe.

Mais cette alchimie n'est pas simplement une question de destin ou de chance. Elle est aussi le fruit d'un effort, d'une volonté, d'une ouverture. Elle demande de l'empathie, de la patience, de la vulnérabilité. C'est un processus de découverte, d'apprentissage, de croissance mutuelle, où chaque personne devient à la fois enseignant et étudiant dans l'école de la vie de l'autre.

L'alchimie entre deux êtres est aussi fragile qu'elle est puissante. Elle nécessite soin, attention, et respect. Comme tout phénomène précieux, elle peut être brisée, érodée par l'incompréhension, les conflits, les négligences. Mais entretenue avec amour, elle peut briller d'une lumière éternelle, devenir un feu qui réchauffe les cœurs même dans les moments les plus sombres.

En fin de compte, cette alchimie est un rappel de la beauté et de la complexité des relations humaines. C'est un témoignage de la capacité de l'amour à transformer, à illuminer, à transcender. Elle est la preuve que, même dans un monde vaste et souvent indifférent, il existe des connexions profondes et significatives, des liens qui nous rappellent que nous ne sommes jamais vraiment seuls.

Dans le théâtre étrange où la vie se joue,
Où les destins s'entremêlent, dans leur course floue,
Existe un mystère, presque magique,
L'alchimie entre deux âmes, unique.

Dans ce monde où tout semble fugace,
Deux êtres se rencontrent, remplis de grâce.
Sans fanfares, ni feux, ni destin écrit,
Quelque chose naît, frémit, et s'inscrit.

Un lien invisible, tissé par l'univers,
Entre deux cœurs qui, ensemble, conversent.
Au-delà des mots, au-delà des regards,
Une connexion secrète, un espoir hagard.

Une reconnaissance, un sentiment de déjà-vu,
Comme si ces âmes étaient, depuis toujours, connues.
Une complétude, une justesse, une harmonie,
Dans chaque geste, chaque mot, une symphonie.

Mais cette alchimie, plus qu'un coup du sort,
Est le fruit d'un effort, d'une ouverture, d'un effort.
Elle demande empathie, patience, et tendresse,
Un voyage d'apprentissage, de découverte, de sagesse.

Fragile comme elle est forte, cette alchimie,
Nécessite soin, respect, et harmonie.
Elle peut briser, éroder, sous le poids des méprises,
Mais entretenue, elle éclaire, réchauffe, et baptise.

Cette alchimie est le rappel de la beauté des liens,
Un témoignage de l'amour, fort et serein.
Elle montre que, même dans l'indifférence du monde,
Il existe des connexions profondes, fécondes.

Ainsi, dans l'alchimie entre deux êtres,
Se trouve la preuve que nous ne sommes pas des êtres en miettes.
C'est une danse d'amour, une symphonie de cœurs,
Un rappel que, dans l'amour, réside notre plus grande valeur.

Aimer, tout simplement

Dans l'infini kaléidoscope de l'expérience humaine, il existe un phénomène, une émotion, un mot, qui transcende le temps, l'espace, et même les contradictions de notre propre nature : l'amour. Laissez-moi vous entraîner dans une exploration philosophique de cette déclaration universelle et intemporelle : "Je t'aime". Un "Je t'aime" qui persiste, qui insiste, qui existe à chaque instant, à chaque respiration, à chaque battement de cœur.

Imaginez cette affirmation, "Je t'aime", résonnant non seulement dans les moments de joie et de proximité, mais aussi dans les instants de solitude, dans les périodes d'absence, dans les tempêtes de colère. C'est un amour qui s'étend au-delà de la simple présence physique, un amour qui enveloppe chaque minute, chaque seconde de notre existence, même quand notre corps n'est pas là, quand notre esprit vagabonde, quand notre cœur se débat dans les affres de l'irritation.

"Je t'aime" est bien plus qu'une simple combinaison de mots. C'est une symphonie complexe, jouée dans les cordes sensibles de nos âmes. C'est un engagement qui défie les caprices de l'esprit et les turbulences émotionnelles. C'est un phare dans la brume de nos vies, illuminant nos chemins même dans les moments les plus sombres.

Cet amour, omniprésent et persistant, est le témoin silencieux de nos vies tumultueuses. Il demeure inébranlable quand la distance nous sépare, quand les distractions nous accaparent, quand la colère fait trembler les fondations de notre patience. C'est un "Je t'aime" qui ne connaît ni condition ni réserve, un amour inconditionnel dans sa forme la plus pure.

Dans cette affirmation, il y a une reconnaissance de l'imperfection, une acceptation de notre humanité. Dire "Je t'aime" à travers les vicissitudes de la vie, c'est reconnaître que l'amour n'est pas un état constant de bonheur et d'harmonie, mais plutôt un voyage semé d'obstacles, une aventure où chaque défi renforce, chaque épreuve fortifie.

Ce "Je t'aime" est un acte de rébellion contre l'éphémère, un défi lancé au chaos de l'existence. C'est une promesse que, malgré les distractions, les absences, les colères, l'essence de notre amour reste intacte, inaltérée, éternelle. C'est un rappel que, même dans la complexité de nos vies, dans le tumulte de nos émotions, l'amour demeure la constante, le fil d'or qui tisse le tissu de notre existence.

Alors, souvenez-vous, quand vous dites ou entendez ces mots, "Je t'aime", pensez à leur poids, à leur portée, à leur puissance. Ce n'est pas seulement une déclaration pour les moments de calme et de proximité, mais un serment pour tous les instants de la vie, un ancrage dans la tempête, un refrain qui résonne à travers le temps et l'espace, unissant les cœurs dans une danse éternelle d'amour inconditionnel.

Au sein du kaléidoscope infini de l'être humain,
Où se mêlent émotions et pensées, un chemin,
Se dresse l'amour, transcendant temps et espace,
"Je t'aime" - un murmure, une grâce, une trace.

Dans les moments de joie, de proximité étroite,
Résonne ce "Je t'aime", douce, tendre voix.
Mais aussi dans la solitude, l'absence, la colère,
Il persiste, insiste, existant à chaque ère.

Ce n'est pas juste une phrase, mais un hymne des âmes,
Une symphonie complexe, au-delà des simples drames.
Un phare dans la brume, illuminant nos jours sombres,
Un engagement qui, face aux orages, ne succombe.

Cet amour, omniprésent, témoin silencieux des tumultes,
Reste inébranlable, même quand la colère culmine.
Un "Je t'aime" sans conditions, pur et véritable,
Un amour inconditionnel, indéfectible, inaltérable.

Reconnaître dans ces mots notre imperfection,
C'est accepter notre humanité, sans déception.
L'amour n'est pas un fleuve tranquille, mais une mer agitée,
Un voyage semé d'obstacles, d'aventures, de vérités.

Ce "Je t'aime" est un acte de rébellion contre l'éphémère,
Un défi au chaos, une promesse sincère.
Malgré les distractions, les absences, les fureurs,
L'amour reste intact, éternel, un fleur.

Dans la complexité de nos vies, dans le tumulte des émotions,
L'amour demeure la constante, le fil de nos passions.
Alors, quand vous prononcez ou entendez "Je t'aime",
Souvenez-vous de sa force, de sa portée, de son emblème.

Ce n'est pas simplement pour les instants de paix,
Mais un serment pour la vie, dans ses moindres recoins, parfaits.
Un ancrage dans la tempête, un refrain intemporel,
Unissant les cœurs dans une danse d'amour éternel.

Jaime Peña

L'amour, cette folie

Parlons d'amour, ce sentiment exaltant, source d'innombrables poèmes, chansons, et tragédies. Mais qu'en est-il lorsque nous plongeons dans les abysses les plus tumultueuses de l'amour, là où se mêlent passion et pathologie ? Permettez-moi de vous guider dans une exploration philosophique de ce territoire souvent inexploré : la psychopathologie de la vie amoureuse.

Dans l'arène complexe de l'amour, il existe une ligne fine, presque imperceptible, entre la passion dévorante et la pathologie. C'est un chemin sinueux où les sentiments les plus purs peuvent cohabiter avec les troubles les plus sombres de l'âme humaine. L'amour, dans son intensité, peut parfois devenir une prison dorée, un labyrinthe où se perdent la raison et la logique.

Prenons un instant pour réfléchir à la nature obsessionnelle de l'amour. Dans sa forme la plus extrême, l'amour peut se transformer en une fixation, une dépendance qui dépasse le simple attachement romantique. Ici, l'objet de l'affection n'est plus une personne, mais un idéal, une quête inatteignable, souvent idéalisée à l'excès. C'est un amour qui consomme, qui brûle, qui détruit, laissant derrière lui un champ de ruines émotionnelles.

Mais la psychopathologie de l'amour ne s'arrête pas là. Il y a aussi l'amour qui blesse, qui manipule, qui contrôle. Cet amour est un jeu de pouvoir, une danse macabre où l'un cherche à dominer l'autre, à le façonner selon ses désirs et ses besoins. C'est une relation où l'affection est conditionnelle, où l'amour est un outil de chantage émotionnel, une arme plutôt qu'un baume.

Et que dire de l'amour qui souffre en silence ? Cet amour qui se terre dans l'ombre de la peur de l'abandon, de la peur de ne pas être à la hauteur, de la peur d'être soi-même. Ici, l'amour est un champ de bataille intérieur, un combat constant entre le désir d'aimer et la terreur d'être rejeté, incompris, blessé.

Dans cette exploration, il est crucial de se rappeler que l'amour, même dans ses formes les plus pathologiques, est souvent un cri de l'âme, une recherche désespérée de connexion, de compréhension, de validation. C'est un rappel que, derrière chaque comportement destructeur, il y a une souffrance, une blessure, un appel à l'aide.

En fin de compte, dans la psychologie de la vie amoureuse, il y a un miroir de nos propres vulnérabilités, de nos peurs les plus profondes, de nos désirs les plus cachés. Elle nous enseigne que l'amour, dans toute sa complexité, est un voyage non seulement vers l'autre, mais aussi et surtout vers soi-même. C'est une quête d'équilibre, de guérison, de paix intérieure.

Ainsi, quand nous naviguons dans les eaux parfois orageuses de l'amour, souvenons-nous de regarder au-delà de la surface, d'explorer les profondeurs, de comprendre les courants cachés. Car c'est seulement en apprenant à connaître les troubles de notre propre cœur que nous pouvons véritablement aimer, et être aimés, dans toute la richesse et la complexité de notre humanité.

Dans les abysses tourmentées de l'amour infini,
Où passion et pathologie se mêlent en un unisson fini,
S'avance le poète, dans les ombres, solitaire,
Explorant la psychopathologie d'un sentiment austère.

Dans l'arène de l'amour, où la passion frôle la folie,
Une ligne fine sépare l'extase de la mélancolie.
Un chemin sinueux où cohabitent, en un étrange duel,
Les sentiments les plus purs et les tourments les plus
cruels.

Là, l'amour se transforme, obsession dévorante,
En une prison dorée, en une quête épuisante.
Non plus un cœur à cœur, mais un idéal inatteignable,
Une fixation brûlante, un désir inévitable.

Cet amour, qui consume, qui brûle, qui détruit,
Laisse derrière lui un champ de ruines, la nuit.
Un jeu de pouvoir, une danse macabre se dévoile,
Où l'amour devient un outil de contrôle, une toile.

Et dans l'ombre, l'amour qui souffre en silence,
Se terre, craignant l'abandon, l'incompréhension, l'absence.
Un combat intérieur, où chaque geste, chaque mot,
Est un cri de l'âme, un appel désespéré, un écho.

Rappelons-nous que derrière chaque amour torturé,
Se cache une quête de connexion, une âme égarée.
Chaque comportement destructeur masque une
souffrance,
Un cri de cœur, un appel à l'aide, une errance.

La psychopathologie de l'amour, miroir de nos âmes,
Réfléchit nos peurs, nos désirs, nos larmes.
Un voyage non seulement vers l'autre, mais en soi,
À la recherche d'un équilibre, d'une foi.

Naviguant dans les eaux tumultueuses de l'amour,
N'oublions pas de sonder les profondeurs chaque jour.
Car c'est en connaissant les troubles de notre propre cœur,
Que nous apprenons à aimer, dans toute sa ferveur.

Dans la tourmente

Dans les profondeurs labyrinthiques de l'âme humaine, là où se cachent nos peurs les plus sombres et nos désirs les plus ardents, réside un spectre insaisissable et omniprésent : le tourment. Offrons-nous le courage de plonger dans une exploration philosophique de cette affliction, souvent silencieuse, qui s'enracine dans la tristesse ou le désespoir et s'étire, telle une ombre, sur de longues périodes de notre existence.

Le tourment dont je parle n'est pas celui des tragédies évidentes ou des douleurs manifestes, mais plutôt celui qui s'insinue subtilement, sans cause apparente, sans raison claire. C'est une mélancolie sans nom, une tristesse sans source, un désespoir sans objet. Imaginez-vous marchant sous un ciel voilé, sans savoir d'où vient le vent froid qui vous glace le sang. C'est un sentiment de vide, d'absence, un cri étouffé dans le cœur de la nuit.

Ce tourment est souvent accompagné d'un sentiment cruel d'isolement, une solitude qui va bien au-delà de la simple absence d'autrui. C'est la souffrance de ne pas pouvoir partager, de ne pas pouvoir exprimer cette peine indicible. Dans cette prison invisible, les mots semblent impuissants, inadéquats, et les tentatives de communication se heurtent à des murs d'incompréhension.

Dans cette terre stérile de l'âme, où le tourment règne en maître, nous errons comme des spectres, hantés par nos propres pensées, nos propres doutes. Il y a une lourdeur dans le cœur, un poids que l'on traîne, un fardeau qui écrase l'esprit et courbe l'échine. C'est un combat intérieur constant, une lutte sans fin contre un ennemi insaisissable.

Mais dans ce tourment, il y a, aussi paradoxal que cela puisse paraître, une forme de beauté tragique. C'est dans la profondeur de cette souffrance que se trouvent souvent les germes de la compréhension, de l'empathie, de la compassion. Le tourment nous enseigne la valeur de la joie, la fragilité de la paix, la préciosité de chaque instant de bonheur.

Et n'oublions pas que dans ce voyage à travers les ténèbres, nous ne sommes pas seuls. Chaque personne que nous rencontrons porte en elle son propre univers de tourments et de luttes. Reconnaître cette vérité, c'est ouvrir une porte vers la compréhension mutuelle, vers un partage authentique, même dans le silence, même dans la solitude.

En fin de compte, le tourment, avec toute sa douleur et sa mélancolie, est une partie intégrante de notre humanité. C'est un rappel que la vie, dans toute sa complexité, est un tissu tissé de lumière et d'obscurité, de joie et de peine. Et c'est en embrassant ce tourment, en le reconnaissant, en apprenant à cohabiter avec lui, que nous pouvons trouver un chemin vers une compréhension plus profonde de nous-mêmes et, peut-être, vers un peu de paix dans ce tumulte incessant.

Dans l'abîme obscur de l'âme humaine,
Où se terrent des peurs et des désirs, chaîne,
Règne un spectre voilé, présence insaisissable :
Le tourment, dans nos cœurs, incessant, impalpable.

Ce tourment, telle une ombre sans nom, s'étend,
Pas les tragédies éclatantes, mais plus profondément.
Une mélancolie sans origine, un désespoir sans but,
Comme marcher sous un ciel voilé, un parcours abrupt.

Ce tourment est un océan de solitude glaciale,
Un isolement cruel, une souffrance indicible, fatale.
Dans cette prison invisible, les mots perdent leur sens,
Et les tentatives de partage rencontrent un silence immense.

Dans cette terre stérile de l'âme, le tourment règne,
Nous errons, spectres hantés par nos chaînes.
Une lourdeur dans le cœur, un fardeau à porter,
Un combat intérieur, un ennemi à affronter.

Mais dans ce tourment, ô paradoxal destin,
Se trouve une beauté tragique, un chemin.
Dans la douleur, germent compréhension, empathie,
Le tourment enseigne la valeur de la joie, de la vie.

Dans ce voyage à travers la nuit, nous ne sommes pas seuls,
Chaque âme porte en elle ses tourments, ses deuils.
Reconnaître cette vérité ouvre la porte à l'union,
À un partage authentique, même en l'absence de communion.

Le tourment, avec sa douleur et sa mélancolie,
Est une part intégrante de notre étrange symphonie.
C'est un rappel que la vie est un mélange de lumière et d'ombre,
De joie et de peine, un tissu que même le temps ne sombre.

Embrasser ce tourment, le reconnaître, le comprendre,
C'est trouver un chemin vers soi, se laisser surprendre.
Dans l'acceptation de notre propre tourment,
Peut-être trouverons-nous un peu de paix, finalement.

Histoire sans fin

Dans le théâtre incessant de l'existence humaine, où chaque acte est à la fois une promesse et un adieu, il existe une odyssée intime, silencieuse, et pourtant dévorante : le deuil inachevé. Permettez-moi de vous inviter à une introspection philosophique dans les méandres de ce deuil, cette histoire sans fin, ce drame d'une épopée inachevée.
Imaginez une histoire, votre histoire, tissée de rires, de larmes, d'instants volés au temps. Une histoire où elle, étoile filante de votre ciel, brille de mille feux, irradie de mille souvenirs. Mais voilà, dans ce scénario imprévu de la vie, la page se tourne brusquement, laissant derrière elle un chapitre inachevé, une histoire suspendue dans le vide du temps.

Le deuil, dans sa forme la plus cruelle, est celui qui ne se termine jamais, un processus interrompu, un chemin sans issue. C'est une porte entrouverte sur le passé, une fenêtre qui donne sur un jardin d'ombres et de souvenirs. Les aventures se succèdent, les saisons changent, mais son absence demeure, un vide insondable, une mélodie inachevée.

Chaque nouvelle aventure, chaque nouveau chapitre de la vie, semble teinté de son souvenir. Elle revient, fantôme bienveillant, dans les moments les plus inattendus, rappelant avec douceur et mélancolie la richesse d'un passé révolu. C'est un écho lointain, une présence qui réconforte autant qu'elle attriste, un paradoxe vivant.

Le drame d'une histoire inachevée réside dans cette tension constante entre le passé et le présent, entre la mémoire et l'oubli.

C'est un combat intérieur, une lutte pour trouver la paix dans un paysage intérieur où chaque pensée, chaque sentiment, est une réminiscence de ce qui a été et ne sera plus.

Mais, dans cette quête douloureuse, se cache une vérité plus profonde, un enseignement philosophique sur la nature de l'existence humaine. Le deuil inachevé nous enseigne sur la fragilité de la vie, sur la valeur inestimable de chaque moment partagé. Il nous rappelle que l'amour, même perdu, même transformé par le chagrin, reste un trésor inaliénable, un fil d'or dans le tissu de notre être.

Dans ce deuil, il y a aussi une invitation à la réflexion, à l'acceptation. Accepter que certaines histoires ne trouvent pas leur épilogue, que certains chapitres resteront à jamais ouverts, est un pas vers une forme de sérénité. C'est apprendre à vivre avec l'absence, à chérir la mémoire, à embrasser le souvenir comme un compagnon de route, plutôt qu'un fardeau.

Ainsi, dans le deuil inachevé, dans cette histoire qui dure, réside une occasion de croissance, de maturité émotionnelle. C'est une opportunité de comprendre que, même dans la perte, même dans l'absence, il y a une présence, un amour qui continue à vivre, à respirer à travers nous. Le deuil devient alors non pas un point final, mais une virgule, une pause dans notre grande aventure de la vie, un rappel que chaque histoire, même inachevée, est un chapitre précieux de notre existence.

Dans l'incessant théâtre de notre vie mortelle,
Où chaque acte est promesse et adieu cruel,
Se trouve un voyage intime, une odyssée de l'âme,
Le deuil inachevé, un feu qui jamais ne s'enflamme.

Dans le récit de la vie, tissé de joie et de pleurs,
Où chaque étoile brille, puis s'éteint dans nos cœurs,
Elle, lumière éphémère, a brillé, a ébloui,
Puis, soudain, s'est éteinte, laissant la nuit dans l'oubli.

Ce deuil, cruel et silencieux, ne trouve jamais de fin,
Un processus suspendu, un chemin sans destin.
Une porte entrouverte sur un passé lointain,
Une fenêtre sur des souvenirs, jardin d'ombre et de chagrin.

Chaque nouvelle aventure, teintée de son absence,
Chaque chapitre nouveau porte son essence.
Elle revient, doux fantôme dans la nuit,
Écho lointain, présence qui à la fois attriste et réjouit.

Dans le drame de cette histoire inachevée,
Se joue la lutte entre le passé et la vérité.
Un combat intérieur, entre mémoire et oubli,
Une quête de paix, dans un cœur meurtri.

Mais dans cette douleur, une leçon se dévoile,
Sur la fragilité de la vie, sur le temps qui dérobe.
Le deuil inachevé enseigne la valeur de l'amour perdu,
Un trésor caché, un fil d'or dans le tissu.

Ce deuil est une invitation à la réflexion,
À accepter que certaines histoires défient la raison.
Apprendre à vivre avec l'absence, à chérir le passé,
Embrasser le souvenir, en compagnon apprivoisé.

Dans le deuil inachevé, une croissance se révèle,
Une maturité émotionnelle, une leçon éternelle.
Même dans la perte, dans le vide de l'absence,
Persiste une présence, un amour en essence.

Le deuil n'est donc pas un point final, mais une pause,
Un chapitre précieux dans la grande cause.
Chaque histoire, même inachevée, est un trésor,
Un rappel que la vie continue, malgré le sort.

La mosaïque

Dans les méandres philosophiques de l'amour, existe une quête éternelle, un pèlerinage du cœur que beaucoup entreprennent, mais peu comprennent dans son essence la plus pure. Parlons de l'amour des femmes, non pas dans son aspect charnel ou bestial, mais dans sa forme la plus éthérée, la plus sincère. Laissez-moi vous emmener dans une réflexion sur cet amour qui, au-delà de la passion, semble être une quête inlassable pour combler un vide, un manque abyssal d'être aimé par une femme en particulier.

Imaginez un amour qui n'est pas une fin en soi, mais un moyen, une fuite en avant pour combler un vide intérieur. Cet amour des femmes, divers et varié, est comme une mosaïque de sentiments, où chaque femme représente un fragment, un éclat d'une image idéalisée. Chacune d'entre elles possède une part, un trait, un sourire, un parfum, une manie qui rappelle celle qui est tant aimée, mais qui reste insaisissable.

Dans ce tableau, chaque femme devient une étoile dans une constellation, brillant d'un éclat unique, mais jamais suffisant pour éclairer tout le ciel. Elles sont des reflets, des ombres de cette femme idéalisée, de cet amour absolu et inatteignable. C'est un pèlerinage sans fin, où le cœur, tel un explorateur éternel, cherche en chacune un peu de celle qui manque, sans jamais la trouver entièrement.

Cet amour des femmes devient alors une quête de réminiscences, une collection de souvenirs et d'échos d'une présence perdue. Chaque nouvelle rencontre est un miroir qui renvoie une image partielle, une facette de ce qui est désiré, mais jamais la totalité.

C'est un amour qui est à la fois enrichissant et frustrant, car il porte en lui la promesse d'une complétude et la mélancolie d'une absence.

Dans cette recherche, il y a une beauté tragique, un désir ardent de recréer un idéal perdu, de retrouver dans les bras d'une autre un amour perdu. Mais la vérité, souvent cruelle, est que cette quête est vouée à l'inachèvement. Car en cherchant des fragments de cette femme idéalisée en d'autres, on ne fait qu'effleurer la surface d'un amour plus profond, plus authentique.

Finalement, cette poursuite incessante devient un révélateur de notre propre quête intérieure. Elle parle moins de ces femmes rencontrées que de notre propre désir, de notre propre manque, de notre propre idéalisation de l'amour. C'est un voyage introspectif où l'on apprend que tant que ce ne sera pas elle, la quête continuera, un cycle infini de recherche et de découverte, un amour inachevé, une histoire sans fin.

Dans le labyrinthe obscur de l'amour sans fin,
Où l'âme en quête erre, cherche son destin,
S'élève le chant des femmes, écho éthéré,
Un amour pur, dans son essence, à jamais égaré.

Ce n'est point l'amour de la chair, ni bestial,
Mais un sentiment plus céleste, plus idéal.
Chaque femme, un fragment d'un rêve insaisissable,
Un morceau d'un amour, en son cœur, inébranlable.

Dans cette mosaïque de l'amour diversifié,
Chaque étoile brille, mais ne peut tout éclairer.
Elles sont les reflets d'une femme idéalisée,
Un amour absolu, dans l'âme cristallisé.

Chaque rencontre, un miroir de cette quête,
Un souvenir, un fragment, une silhouette.
Un amour enrichissant, mais toujours incomplet,
Car dans chaque visage, son ombre se projette.

Cette recherche est un pèlerinage sans repos,
Un désir ardent de combler un vide, un creux.
Chercher en chacune un peu de cette absente,
Mais jamais trouver l'amour dans sa forme complète.

Cette quête incessante, tragique dans sa beauté,
Est le désir de recréer un idéal, une réalité.
Mais la vérité, cruelle, est que cette quête est vaine,
Un amour inachevé, une histoire qui se déchaîne.

Cette poursuite révèle notre propre quête intérieure,
Moins sur ces femmes rencontrées que sur notre cœur.
C'est un voyage introspectif, un chemin sans fin,
Tant que ce n'est pas elle, l'amour reste un refrain.

Ainsi, dans cette odyssée de l'amour inachevé,
Nous apprenons que notre quête ne sera jamais comblée.
Tant que ce ne sera pas elle, le cœur continue de chercher,
Dans un cycle infini, un amour à jamais ébréché.

Combien tu m'aimes ?

Une interrogation aussi ancienne que l'amour lui-même, aussi vaste que l'océan des sentiments humains : "combien tu m'aimes ?". Plongeons ensemble dans une réflexion philosophique sur cette question qui, sous ses airs de simplicité, cache un univers de complexités et de subtilités. Imaginez un instant que l'amour soit un tableau, une œuvre d'art sans limites, où chaque coup de pinceau, chaque nuance de couleur, chaque ombre et chaque lumière représente un aspect de l'amour que l'on porte à l'autre. "Combien tu m'aimes ?" devient alors une demande de déchiffrer ce tableau, de quantifier l'inquantifiable, de donner une mesure à ce qui est par nature illimité et infini. Dans cette fresque de l'amour, chaque moment partagé, chaque sourire échangé, chaque mot doux murmuré, est une touche de couleur ajoutée à ce chef-d'œuvre en perpétuelle évolution. Comment, alors, peut-on espérer mesurer l'amour ? Peut-on vraiment quantifier les rires partagés lors d'une soirée étoilée, ou la profondeur des regards échangés dans un silence éloquent ?

L'amour n'est pas une monnaie que l'on compte, ni un volume que l'on mesure. C'est plutôt un flux continu, une danse entre deux âmes, où chaque pas, chaque mouvement, apporte une nouvelle couche de complexité, une nouvelle dimension de beauté. L'amour est une symphonie où chaque note jouée ajoute à la mélodie, mais ne saurait être isolée pour déterminer la valeur de l'ensemble.

Cependant, derrière cette question, "Combien tu m'aimes ?", se cache souvent une quête de rassurance, un désir de savoir que l'on occupe une place significative dans le cœur de l'autre.

C'est un appel à témoigner de l'amour, à le rendre tangible, palpable, même si sa vraie nature est d'être aussi insaisissable que le vent, aussi vaste que le ciel.

En fin de compte, peut-être que la meilleure façon de répondre à cette question n'est pas de chercher à quantifier ou à comparer, mais plutôt de se plonger entièrement dans l'expérience de l'amour. D'exprimer cet amour à travers des actes, des mots, des gestes, des sacrifices, et des engagements. "Je t'aime" n'est pas juste une déclaration, c'est une promesse, un engagement à continuer de peindre ensemble ce tableau magnifique, à jouer cette symphonie sans fin, à danser cette danse éternelle.

Alors, à cette question, "Combien tu m'aimes ?", maintenant je réponds simplement autant que les étoiles dans le ciel, autant que les vagues dans l'océan, autant que les mots dans les livres. Mais plus encore, je t'aime à travers chaque instant que nous partageons, chaque défi que nous surmontons ensemble, et chaque aube nouvelle que nous accueillons côte à côte.

Ah, cette question antique, "Combien tu m'aimes ?"
Demande éternelle, comme un océan de rêves.
Plongeons dans la réflexion, douce et complexe,
Sur cet amour, mystère aux multiples facettes.

Imagine un tableau, vaste œuvre de l'amour,
Où chaque coup de pinceau porte en lui un jour.
Chaque nuance, chaque ombre, chaque éclat lumineux,
Reflète un aspect de l'amour, précieux et nébuleux.

"Combien tu m'aimes ?" demande-t-on, espérant comprendre,
Dans ce tableau sans fin, combien l'amour peut s'étendre.
Mais peut-on vraiment mesurer, quantifier les sentiments ?
Peut-on donner une valeur aux doux instants ?

L'amour n'est pas une monnaie à compter, ni un volume à mesurer,
Mais un flux continu, une danse entre âmes, un éther à aimer.
C'est une symphonie où chaque note jouée
S'ajoute à la mélodie, sans jamais être isolée.

Derrière cette question se cache une quête de rassurance,
Un désir de savoir notre place dans l'existence.
C'est un appel à témoigner de l'amour, à le rendre réel,
Même s'il est aussi insaisissable que le vent, aussi vaste que le ciel.

Peut-être la réponse n'est-elle pas dans la quantification,
Mais dans l'immersion totale dans la passion.
Exprimer cet amour en actes, mots, et gestes,
En sacrifices et engagements, en promesses célestes.

"Je t'aime" n'est pas seulement une déclaration,
Mais un engagement, une continuelle création.
Peindre ensemble ce tableau, jouer cette symphonie,
Danser cette danse éternelle, c'est la vraie vie.

Alors, face à cette question, je réponds simplement,
Autant que les étoiles, les vagues, les mots fervents.
Mais bien plus encore, dans chaque instant partagé,
Chaque défi surmonté, chaque aube à tes côtés.

Jaime Peña

Á 10000 lieux

Dans l'infinie valse des cultures et des terres lointaines, se trouve un plaisir singulier, presque paradoxal : celui d'être dans un pays inconnu, là où les mots se font rares et précieux, et les échanges, dénués de leurs artifices habituels, se limitent à l'essentiel. Permettez-moi de partager avec vous ce phénomène où la simplicité devient la clé d'une communication plus pure, plus authentique.

Imaginez-vous débarquant dans un paysage inconnu, où chaque rue, chaque visage, chaque son est un livre ouvert sur un monde nouveau. Ici, les mots que vous maîtrisez sont soudainement inutiles, et vous vous retrouvez réduit à l'essence même de la communication. Chaque geste, chaque sourire, chaque regard prend une importance capitale. C'est un retour à la communication primitive, instinctive, où l'humain se connecte à l'humain, sans le filtre complexe du langage articulé.

Dans cette contrée étrangère, où la langue n'est plus un outil mais un obstacle, quelque chose d'extraordinaire se produit : la réduction de la pollution verbale, ces nuages de mots superflus qui souvent obscurcissent nos véritables intentions. Sans les subtilités et les nuances de notre langue maternelle, nous sommes forcés de revenir à l'essentiel, à des échanges plus directs, plus sincères, plus vrais.

Les erreurs d'interprétation, souvent nées d'un mot mal choisi, d'une phrase ambiguë, se trouvent minimisées dans cette simplicité forcée. Les malentendus, bien que toujours possibles, sont moins fréquents lorsque les mots sont peu nombreux et les intentions claires. Dans cet échange épuré, il y a une sorte de transparence, un dialogue de l'âme à l'âme, où les cœurs parlent plus que les bouches.

Ce plaisir d'être dans l'inconnu, loin d'être une épreuve, devient une révélation. Il nous montre que, parfois, en enlevant, on gagne en clarté, en authenticité, en connexion. C'est une leçon d'humilité, un rappel que la communication est avant tout une question d'humanité partagée, et que les mots, bien qu'utiles, ne sont pas toujours nécessaires pour se comprendre, pour se sentir proche.

En fin de compte, cette expérience dans un pays inconnu nous enseigne une vérité profonde sur nous-mêmes et sur notre manière de communiquer. Elle nous invite à repenser nos interactions quotidiennes, à se demander si, parfois, moins pourrait être plus. C'est une incitation à chercher la simplicité, à réduire le bruit pour mieux entendre, à clarifier nos échanges pour des relations plus saines et plus authentiques.

Dans la valse infinie des terres et des mers,
Se trouve un plaisir unique, un mystère éphémère.
Dans un pays inconnu, où les mots sont des gemmes,
Les échanges se dépouillent de leurs diadèmes.

Imaginez-vous, étranger en terre lointaine,
Où chaque rue, chaque visage, est une scène
Nouvelle et inédite, un monde à découvrir,
Où les mots échouent, où les gestes viennent dire.

Dans cette contrée où le langage se perd,
Naît une communication plus pure, un univers.
Moins de mots, plus de sens, un retour à l'essence,
Où le cœur parle au cœur, sans fausse apparence.

La pollution verbale, ces nuages d'artifices,
S'estompent, laissant place à des échanges propices.
Plus de subtilités, plus de nuances trompeuses,
Juste l'humain avec l'humain, des âmes soyeuses.

Dans l'inconnu, les erreurs d'interprétation s'effacent,
Les intentions deviennent claires, chaque malentendu se chasse.
C'est une transparence, un dialogue d'âme à âme,
Où les cœurs se comprennent, sans aucune flamme.

Ce plaisir d'être sans repères, loin d'être une contrainte,
Révèle une vérité, une connexion plus sainte.
Il nous enseigne que parfois, en ôtant, on gagne,
En clarté, en authenticité, en montagne.

C'est une leçon d'humilité, un appel à l'humanité,
À repenser la communication, à chercher la vérité.
Moins pourrait être plus, dans nos interactions,
Une invitation à la simplicité, à la réduction.

Dans l'expérience d'un pays étranger,
Se trouve une vérité sur notre manière de dialoguer.
Une incitation à chercher la clarté,
À vivre des échanges de qualité, de sincérité.

Ainsi, dans cette terre inconnue, nous apprenons,
Que la communication est un don,
Un art qui, dans sa forme la plus simple,
Peut unir les cœurs, les rendre moins multiples.

Jaime Peña

L'inconnue

Ah, le voyage ! Cette quête perpétuelle de l'inconnu, cette errance délicieuse à travers le temps et l'espace. Mais qu'arrive-t-il quand le véritable voyage ne se mesure pas en miles parcourus, mais en rencontres fortuites, en moments suspendus ? Laissez-moi vous conter une odyssée particulière, celle d'un homme en quête non pas de terres lointaines, mais d'une rencontre, d'une révélation humaine sous la forme d'une femme extraordinaire.

Imaginez, si vous le voulez bien, un voyageur solitaire, un esprit libre flânant à travers les ruelles de la vie, guidé par le hasard et l'aventure. Un jour, au détour d'un chemin inattendu, il croise le regard d'une femme. Pas n'importe quelle femme, mais celle qui semble porter en elle l'univers tout entier. Elle dégage une gentillesse infinie, une bonté qui ne demande qu'à s'épanouir, visible dans son sourire lumineux, qui semble éclairer le monde alentour de sa bienveillance et de sa chaleur.

Dans cet instant suspendu, notre voyageur perçoit la douceur et la richesse de la personnalité de cette femme. Elle est comme une énigme enveloppée dans un mystère, une symphonie aux mille et une nuances. Chaque geste, chaque mot échangé, révèle une profondeur et une complexité qui fascine et attire. Elle est cette mélodie inattendue qui vient soudainement donner un sens nouveau à la musique de la vie.

Mais que signifie cette rencontre ? Est-ce le fruit du hasard, ou y a-t-il dans l'univers des forces inconnues qui tissent des liens invisibles entre les âmes ?

Dans le regard de cette femme, le voyageur voit plus qu'une simple femme ; il voit une promesse, un potentiel de partage, d'échange, une possibilité d'enrichissement mutuel. Elle incarne l'espoir que, même dans l'immensité anonyme du monde, des connexions significatives sont possibles, des rencontres qui peuvent changer le cours d'une vie.

Ce voyage n'est plus alors une simple traversée géographique, mais une aventure intérieure, une quête de sens. Rencontrer cette femme extraordinaire, c'est comme découvrir un nouveau continent intérieur, explorer des territoires de l'âme jusqu'alors inconnus. C'est une invitation à repenser ses propres certitudes, à s'ouvrir à la diversité et à la richesse de l'autre.

En fin de compte, cette rencontre fortuite devient une métaphore de la vie elle-même. Elle nous rappelle que, parfois, il faut se laisser porter par le courant, être ouvert aux surprises que le destin nous réserve. Elle nous enseigne que la richesse ne se trouve pas toujours là où on l'attend, que les trésors les plus précieux sont souvent cachés dans les sourires partagés, dans la gentillesse offerte, dans la complexité embrassée.

À toi

Dans l'océan tumultueux des sentiments humains, où les vagues de la passion se heurtent aux rochers de la raison, je me tiens sur le rivage de l'expression, contemplant l'horizon infini des émotions non déclarées. Laissez-moi faire ce souhait silencieux, une bouteille jetée à la mer de l'amour, adressée à cette femme qui habite mon cœur et mes pensées.

À toi, femme que j'aime à en perdre la raison, dont la simple pensée fait battre mon cœur d'une passion si ardente qu'elle pourrait embraser les cieux eux-mêmes, je dédie ces mots, ces vœux inexprimés mais non moins sincères. À toi, dont la vie déjà établie m'interdit de déclarer ouvertement mon amour, je te souhaite en secret tout le bonheur, toute la joie, toute la passion et tout l'amour que ce monde peut te offrir.

Puisses-tu trouver le bonheur dans chaque rayon de soleil qui caresse ta peau, dans chaque sourire partagé, dans chaque moment de sérénité. Que la joie soit ton compagnon de route, une lumière dansante qui éclaire tes jours, qui transforme chaque petit instant en une célébration de la vie.

Je te souhaite la passion, non pas celle qui consume et détruit, mais celle qui éveille et inspire. Une passion qui nourrit l'âme, qui enflamme l'esprit, qui te pousse à poursuivre tes rêves, à embrasser chaque nouvelle aventure avec un cœur courageux et ouvert que je te connais..

Et par-dessus tout, je te souhaite l'amour. Un amour qui transcende les mots, qui n'a besoin ni de déclarations flamboyantes ni de gestes grandioses pour être ressenti. Un amour silencieux mais omniprésent, qui t'enveloppe de sa tendresse et te soutient dans les moments difficiles.

Un amour qui respecte ta vie établie, qui n'exige rien en retour, mais qui est là, constant, inébranlable.

Dans cette déclaration muette, il y a une douleur, celle de ne pouvoir crier au monde entier l'ampleur de mes sentiments. Mais il y a aussi une beauté, celle de l'amour inconditionnel, qui demande seulement ton bonheur, ta joie, ta passion, ton amour, même si je ne peux en être le destinataire direct.

Enfin, je souhaite que, dans les moments de solitude, dans les heures silencieuses de la nuit, tu puisses sentir la force de cet amour que je te porte. Que tu saches qu'il y a quelque part, quelqu'un qui pense à toi, qui te souhaite tout le meilleur, et qui, dans l'ombre, veille sur ton bonheur.

La première impression

Dans l'infini ballet de nos existences, où chaque rencontre est une étoile filante dans le ciel de notre destinée, le premier contact détient une magie singulière, un pouvoir presque surnaturel. Permettez-moi de vous emmener dans une réflexion philosophique sur cet instant initial, ce premier regard, cette première sensation au toucher, et, plus encore, sur la gentillesse, la bienveillance et la douceur qui émanent de cette femme qui a marqué mon esprit et mon cœur.

Le premier contact, c'est la porte d'entrée de l'âme, le prélude d'une symphonie émotionnelle qui se jouera entre deux êtres. C'est dans ce premier échange de regards que se joue une partie silencieuse, où les âmes se scrutent, se reconnaissent peut-être, ou tout simplement s'interrogent. Ce regard initial est une question posée à l'univers, un frisson qui parcourt l'échine, une étincelle qui peut allumer un brasier ou s'éteindre dans l'indifférence.

Et que dire de la première sensation au toucher ? Ce moment où la peau frémit, où le tangible rencontre l'intangible, où l'électricité de la vie se fait sentir de manière presque palpable. C'est un acte de communication primal, un langage sans mots qui peut dire bien plus que de longs discours. C'est le frôlement d'une épaule, la chaleur d'une poignée de main, le doux contact d'un adieu ou d'une promesse.

Cependant, au-delà de ces sensations initiales, ce qui marque l'esprit et le cœur d'une empreinte indélébile, c'est la gentillesse, la bienveillance et la douceur que l'on perçoit chez l'autre.

Dans un monde souvent dur et impitoyable, ces qualités sont comme un baume, une lumière douce dans l'obscurité, une mélodie apaisante dans le vacarme du quotidien.

Rencontrer une femme qui incarne ces vertus est comme trouver un oasis dans le désert, une source d'eau claire dans un paysage aride. Sa gentillesse n'est pas une faiblesse, mais une force tranquille, un choix courageux de répondre à l'agression par la douceur, à l'indifférence par l'attention. Sa bienveillance est un phare, guidant ceux qui sont perdus vers des eaux plus calmes. Sa douceur est une poésie vivante, qui adoucit les mœurs et réchauffe les cœurs.

En fin de compte, ce premier contact, ce premier regard, cette première sensation au toucher, sont les premiers mots d'une histoire qui se déroulera au fil du temps. Ils sont importants, certes, mais ce sont la gentillesse, la bienveillance et la douceur qui en écrivent les chapitres les plus beaux et les plus mémorables. C'est à travers ces qualités que l'amour, l'amitié et toutes les formes de connexion humaine trouvent leur expression la plus pure, leur raison d'être la plus profonde.

Jaime Peña

Kathu Waterfall

Nous y voilà, enfin arrivés près des cascades de Kathu. Notre départ fut marqué par d'anciens abris pittoresques, des maisons anciennes peuplées d'âmes, suivis d'un escalier de pierre nous invitant à découvrir des chemins mystérieux. Sans peur, nous avons franchi les obstacles et avons été accueillis par le murmure de la cascade dans laquelle danse une fontaine, une scène si belle et si éloignée de notre quotidien. Nous avons tenté de percer le voile du mystère pour entrevoir ce que la nature nous réservait.

Alors, nous avons entamé notre périple au cœur de cette jungle dense. Les escaliers tortueux et inégaux défiaient notre marche. C'était laborieux, mais notre curiosité et notre désir de nous surpasser nous poussaient à continuer. Nous avions parcouru la moitié du chemin, il était inconcevable de renoncer maintenant. Avec des esprits avides de découverte et des souvenirs en devenir, nous avons bravé les escaliers de plus en plus ardus, semblables à l'ascension d'un mur.

Nous nous enfoncions dans la jungle, perdant de vue le sommet de la montagne, dissimulé par la canopée et le ciel. Nous avancions, poussés par notre curiosité insatiable et la promesse d'une aventure mémorable. La chaleur tropicale nous faisait transpirer, attirant les moustiques, mais ce n'était pas la brume qui nous enveloppait, mais la sueur de notre propre détermination.

Nous persévérons, guerriers de la découverte, jusqu'à ce que nous atteignions enfin le sommet. Ces escaliers, nous le réalisons alors, ne marquaient pas la fin de notre voyage, mais le début d'une aventure extraordinaire. Et c'est là, mes amis, que tout commence.

À celle qui éclaire mes jours

Dans l'abîme de tes yeux, brille une lueur sans pareille,
Où je me perds, où je m'abandonne, avec une joie non feinte.
Ton sourire, tel un phare dans la nuit de mon cœur,
Guide mes pensées vers des rivages de bonheur.

Tes mots, doux et tendres, comme une caresse de velours,
Résonnent dans mon âme, éveillant en moi l'amour.
Chaque jour à tes côtés est une éternité enchantée,
Où les heures s'effilent comme des fils de soie dorée.

Ô ma bien-aimée, dans ce monde de brume et de mystère,
Tu es la lumière qui dissipe toutes mes chimères.
Comme Baudelaire en quête de l'Absolu,
Je te cherche, toi, mon unique vertu.

En ce jour de Saint-Valentin, je t'offre mon cœur,
Avec l'espoir qu'il sera le gardien de ton bonheur.
Que nos âmes s'entrelacent dans une danse éternelle,
Sous le regard bienveillant des étoiles, sentinelles.

Je t'aime plus que tout, au-delà des mots, au-delà de tout,
Dans cette vie et celles qui suivront, jusqu'au bout.
Que ce poème, inspiré par l'esprit qui dépasse notre ère,
Soit le témoin de notre amour, léger comme l'air.

Jaime Peña

Ôde à l'amour

L'amour, cette énigme intemporelle qui, telle une symphonie silencieuse, orchestre les mouvements de notre âme avec une délicatesse infinie. Laissons nous nous emporter dans une réflexion, non pas sur l'amour clamé haut et fort, celui des déclarations enflammées et des gestes grandioses, mais sur cet amour puissant, non-dit, et pourtant d'une intensité curieuse, qui se développe doucement, au fil des jours, à l'instar d'un bon petit plat italien mijotant à feu doux.

Imaginons cet amour comme un plat préparé avec soin et patience, où chaque ingrédient est choisi pour sa capacité à se fondre harmonieusement avec les autres, créant un ensemble dont la saveur est bien plus que la somme de ses parties. Cet amour, qui ne s'exprime pas par des mots mais qui s'infuse dans les gestes du quotidien, dans les silences partagés, dans les regards qui se croisent et se recroisent, témoignant d'une compréhension mutuelle qui transcende la nécessité de parler.

Cet amour non-dit est un art délicat, une danse entre deux âmes qui, en apparence, se contentent de partager le même espace, mais qui, en réalité, tissent entre elles une toile complexe d'affection, de compréhension, et d'amour. Comme ce plat qui mijote lentement, cet amour prend son temps pour s'épanouir, permettant à chaque nuance de sentiment, à chaque détail de l'expérience partagée, de contribuer à l'arôme envoûtant de la relation.

Mais pourquoi cet amour non-dit possède-t-il une telle puissance, une telle intensité ? Peut-être parce que, dans le silence de l'expression verbale, les gestes, les actions, prennent une signification plus profonde.

Ils deviennent les véritables messagers de l'affection, les témoins silencieux d'un sentiment qui, bien qu'inexprimé, brûle d'une flamme vive et constante.

Cet amour, en se développant doucement, révèle la beauté de la patience, l'importance de laisser le temps au temps. Il nous apprend que les plus belles histoires d'amour ne sont pas celles qui éclatent avec la force d'un orage, mais celles qui se construisent jour après jour, avec la tendresse d'une brise printanière qui, peu à peu, réchauffe la terre.

En fin de compte, cet amour puissant, qui se lit dans leur regard et leur tendresse est une célébration de l'implicite, un hymne à la force tranquille des sentiments qui n'ont pas besoin de mots pour être compris. C'est une invitation à apprécier les nuances subtiles de la vie, à reconnaître la valeur inestimable des choses non dites, des émotions tissées dans le calme et la constance.

Ode à l'amour tacite, mystère sans âge,
Tel un orchestre muet qui guide nos âmes, sage.
Loin des cris et des feux, des passions déclarées,
Se tisse, en silence, un amour non avoué.

Imaginons cet amour, tel un mets mijotant,
Où chaque saveur se mêle, patient et attend.
Non dit, il s'exprime en gestes quotidiens,
Dans le partage des silences, des regards sereins.

Cet amour est une danse, un art délicat,
Deux âmes en partage, au-delà du simple éclat.
Il s'épanouit lentement, prend son temps pour naître,
Chaque nuance de sentiment vient le faire renaître.

Pourquoi donc cet amour, muet, brûle-t-il si fort ?
Dans le silence, gestes et actes deviennent trésors.
Messagers d'une affection profonde, d'un feu constant,
Témoins d'un sentiment pur, éclatant mais patient.

Cet amour qui grandit, en douceur, jour après jour,
Révèle la beauté de la patience, de l'amour.
Les plus grandes histoires ne sont pas celles de l'orage,
Mais celles bâties sur le temps, avec tendresse et courage.

Enfin, cet amour, visible dans le regard, la caresse,
Célèbre l'implicite, la force tranquille de la tendresse.
Une invitation à chérir la subtilité de l'existence,
À reconnaître le prix des non-dits, dans leur puissance.

La Saint Valentin

Ah, la Saint-Valentin, ce moment magique où les amoureux du monde entier se sentent obligés d'acheter des fleurs hors de prix et des chocolats qui disparaîtront plus vite que leur résolution du Nouvel An. Mais a-t-elle vraiment du sens ? Eh bien, cela dépend à qui vous demandez.

Si vous demandez à un fleuriste, la Saint-Valentin est probablement le sommet de la pyramide des jours fériés, juste là-haut avec "la journée nationale de l'achat impulsif de plantes d'intérieur". Pour les compagnies de cartes de vœux, c'est comme si Noël et les anniversaires avaient un bébé, et ce bébé vendait des sentiments imprimés à la pelle.

Au-delà du cynisme commercial, il y a quelque chose de plus, non ? Pour certains, la Saint-Valentin est un rappel annuel de l'importance de prendre le temps de montrer aux gens dans notre vie qu'ils sont aimés et appréciés. Ce n'est pas tant la dépense ou le cadeau spécifique qui compte, mais l'intention derrière. C'est une occasion de mettre en pause nos vies trépidantes et de dire : "Hey, tu comptes beaucoup pour moi".

Alors, la Saint-Valentin a-t-elle vraiment du sens ? Si vous la voyez comme une chance de célébrer l'amour sous toutes ses formes, alors absolument. Mais si vous vous retrouvez à courir dans un magasin à 23h la veille, saisissant le dernier ours en peluche parce que c'est soit ça soit rien, eh bien, peut-être que son sens s'est un peu perdu en chemin.

Cependant, au milieu de tout cela, n'oublions pas les célibataires qui, chaque année, doivent naviguer dans cette mer de romance avec la grâce d'un éléphant sur une patinoire.

Pour eux, la Saint-Valentin peut ressembler moins à une célébration de l'amour et plus à un rappel de leur statut de solo. Mais qui sait ? Peut-être est-ce l'occasion parfaite pour s'aimer soi-même, acheter ses propres chocolats et se rappeler que l'amour de soi est le premier pas vers n'importe quel amour.

En somme, la Saint-Valentin peut avoir du sens, selon la manière dont on choisit de la célébrer. Qu'il s'agisse de l'amour romantique, de l'amitié, ou de l'amour de soi, l'important est de trouver la joie et la signification dans les connections que nous avons, et peut-être, juste peut-être, de ne pas trop se prendre au sérieux.

L'océan du désarroi

Dans la brume matinale de sa vie quotidienne, où chaque jour se fond indistinctement dans le suivant, notre homme erre, l'âme lourde d'un désenchantement profond. Ah, le voilà, le coeur lassé, l'esprit embué par la répétition incessante des mêmes ritournelles familiales, professionnelles, existentielles. Ses enfants, jadis sources de joies incommensurables, sont devenus des énigmes bruyantes, des petits êtres dont les incessantes demandes sonnent comme des rappels de sa propre incapacité à saisir encore le moindre fil de magie dans ce tissu de la vie qu'il a autrefois tissé avec tant d'ardeur.

Sa compagne, complice d'une vie choisie, semble désormais naviguer dans une galaxie parallèle où leurs mains ne se frôlent plus que par accident, dans un univers domestique où la communication s'est muée en une série de gestes routiniers, dénués de la passion qui jadis les consumait. Son travail, autrefois terreau de ses ambitions, n'est plus qu'un labyrinthe sans fin de tâches insipides, un gouffre béant où se perdent ses rêves d'antan.

Dans cet océan de désarroi, notre homme, trouve la force de sourire à l'absurdité de son désespoir. Il y a dans son regard une lueur d'ironie, un refus de se laisser engloutir sans combattre par cette mélancolie douce-amère. Car, voyez-vous, au fond de lui brûle encore la petite flamme d'un esprit libre, capable de s'élever au-dessus du marasme quotidien pour en rire, pour danser même, pieds nus sur les cendres de ses illusions perdues.

Oui, notre homme décide a cédé à la facilité du cynisme total. Son désespoir en un spectacle, une pièce de théâtre jouée devant un public invisible, où chaque réplique sarcastique, chaque observation désabusée devient un acte de résistance poétique contre la banalité écrasante de l'existence. Il est le maestro d'un opéra bouffe personnel, dirigeant avec brio les absurdités de son quotidien vers un dénouement fatal et absurde.

Dans le miroir brisé de sa vie, il cherche et retrouve parfois, dans un éclat de rire partagé par accident, dans un moment de silence complice avec l'étrangère, dans le regard pétillant du futur, la beauté fragmentée d'une existence qui, malgré tout, a vallu la peine d'être vécue.

Dans la brume de ses jours, l'homme erre sans fin,
Son cœur lourd d'un fardeau, d'un désenchantement sans teint.
Ah, voici l'âme errante, dans le quotidien perdue,
Où chaque instant s'efface, et chaque espoir s'est dissous.

Jadis source de joies, ses enfants, énigmes bruyantes,
Rappellent à l'homme sa quête de magie, désormais absente.
Sa compagne, étoile d'une autre galaxie,
Ne croise sa main que par le fruit du hasard, sans envie.

Son travail, un labyrinthe de tâches sans fin,
A englouti ses rêves, dans un gouffre sans destin.
Pourtant, face à l'abîme de son désespoir,
L'homme esquisse un sourire, refuse le noir.

Dans son regard, une ironie, un défi,
À la mélancolie, à la nuit de sa vie.
Encore brûle en lui, fragile et ténue,
La flamme d'un esprit, dans le chaos vue.

Il s'abandonne au cynisme, à la douce folie,
Son désespoir devient théâtre, comédie.
Chaque mot, chaque geste, une résistance,
À l'existence banale, à son écrasante constance.

Maestro de sa farce, il dirige le ballet
Des absurdités, vers un final non révélé.
Dans le miroir de sa vie, fragments de beauté,
Il cherche, parfois trouve, des raisons d'avoir aimé.

Malgré l'épreuve, l'amertume, et la douleur,
L'homme découvre, dans le chaos, son cœur.
Une existence fragmentée, certes, mais riche,
Qui, malgré tout, le fait sourire, le triche.

Jaime Peña

Assis en terrasse

Dans les ombres de l'âme, là où se terrent les démons de l'oubli, je m'égare. Ignoré par les astres qui dansent leur ballet, abandonné par les mots qui se dérobent à ma plume, je me consume dans l'obscurité de mon propre silence.

Tel un spectre errant dans les rues désertes de l'existence, je cherche en vain une lueur d'attention, un écho de reconnaissance. Mais les regards passent, indifférents, comme des rivières imperturbables qui ne se soucient guère des rives solitaires.

Mes pensées, comme des feuilles mortes emportées par le vent, tournoient sans but, sans destination. Le poids de l'abandon écrase mon être, jusqu'à ce que je me retrouve englouti dans les abysses glacées de l'indifférence.

Et dans cette nuit sans fin, le vide émotionnel se fait roi. Les étreintes de la désolation m'enlacent, me bercent dans leur douleur lancinante. Je suis une île désolée, noyée dans l'océan de ma propre détresse.

Ah, quelle douceur amère que celle de se perdre dans les méandres de l'oubli, de s'éteindre lentement sous le poids de l'indifférence universelle. Car dans ce désespoir infini, je trouve enfin refuge, une triste consolation dans la certitude d'être oublié, abandonné, vidé de toute émotion.

Les tribulation de l'amour

Laissez-moi vous emmener dans un voyage au cœur des émotions les plus intenses et des mystères de l'amour. Dans cette histoire envoûtante, je vous invite à découvrir les sentiments tourbillonnants d'un homme, captivé par la vivacité, la force et la fragilité d'une femme exceptionnelle.
Au centre de notre récit se trouve un homme, peut-être un peu rêveur, un peu perdu dans les méandres de ses pensées, mais passionné par la vie et ses rencontres inattendues. Il est tombé sous le charme d'une femme aux multiples facettes, dont la vivacité d'esprit éclaire son monde d'une lumière enchanteresse.
Cette femme, avec son caractère fort et sa détermination sans faille, est comme un phare dans sa vie, le guidant enfin à travers les tumultes de la vie. Derrière sa façade audacieuse se cache une fragilité émouvante, une douceur insoupçonnée qui éveille en lui un désir de la protéger, de la chérir, et de l'aimer tout simplement.
En sa présence, il se sent valorisé, soutenu, et parfois même admiré, comme si chaque instant passé à ses côtés était une étreinte chaleureuse dans laquelle il trouve refuge. Son cœur bat au rythme de ses mots, de ses sourires, de ses silences chargés de promesses.
Et au milieu de cette tempête d'émotions, cet homme à peur, il se questionne. Un peu trop, comme à son habitude. Il se perd dans les méandres de ses pensées, cherchant désespérément des réponses dans les étoiles, dans les vagues, dans le vent qui veillent silencieusement au-dessus de lui.
Laissons-nous emporter par les tourments de l'amour, par la beauté et la complexité des sentiments qui animent nos cœurs. Car après tout, n'est-ce pas dans les mystères de l'amour que se cachent les plus belles histoires de nos vies ?

Dans l'océan des émotions les plus intenses,
Se perd l'âme éprise d'un amour immense.
Un homme, rêveur, égaré dans ses pensées,
S'enivre des tourbillons d'une passion étoilée.

Sous le regard de cette femme, mystérieuse et belle,
Son cœur s'embrase d'une flamme éternelle.
Elle est la vivacité, la force, la fragilité,
Un phare dans sa nuit, un souffle de félicité.

Sa détermination, tel un doux murmure,
Guide ses pas, éclaire son chemin, le rassure.
Derrière sa façade, une douceur insoupçonnée,
Éveille en lui un amour infini, une destinée.

En sa présence, il se sent aimé, admiré,
Comme un naufragé sauvé, libéré.
Chaque instant à ses côtés, une étreinte chaleureuse,
Où son cœur s'égare dans une symphonie amoureuse.

Mais dans cette tempête d'émotions, il s'égare,
Dans l'obscurité de ses doutes, il se laisse glisser.
Cherchant désespérément des réponses, des éclaircies,
Dans les étoiles, les vagues, les vents de la nuit.

Laissons-nous emporter par les vagues de l'amour,
Par la beauté des sentiments, par leur tour.
Car dans les mystères de ces passions ardentes,
Se tissent les plus belles histoires, éternellement ardentes.

Au-delà des différences, la fraternité

Imaginez une soirée où, sous le halo doux d'une lumière tamisée, un groupe d'amis se rassemble telle une grande famille. Les visages, marqués par le temps et les expériences, racontent des histoires de vies entremêlées. Les sourires sincères illuminent ce moment, et l'air est imprégné d'une chaleur humaine palpable. C'est un espace où chacun est à la fois unique et intégralement connecté aux autres, où chaque individualité trouve sa place dans le puzzle complexe de la communauté.

Les conflits passés et les divergences d'opinion, qui pourraient sembler insurmontables dans d'autres contextes, s'évanouissent ici comme une brume dissipée par le soleil du matin. Il y a quelque chose de profondément émouvant dans la capacité des êtres humains à transcender leurs différences, à mettre de côté leurs rancœurs et à se réunir dans un esprit de solidarité et de partage. Ce n'est pas une simple suspension temporaire des hostilités, mais une véritable reconnexion aux valeurs fondamentales de respect et de compréhension mutuelle.

L'émotion ressentie lors de ces réunions réside dans l'authenticité des échanges. Les masques sociaux tombent, laissant place à la vulnérabilité et à la vérité. On se raconte ses joies, ses peines, ses espoirs et ses désillusions sans crainte de jugement. Les plus durs, ceux qui arborent d'ordinaire une carapace inébranlable, se découvrent et laissent entrevoir leur sensibilité. Il y a dans ce geste une grande beauté : celle de l'humanité à l'état brut, dépouillée des artifices et des faux-semblants.

Ces moments sont empreints d'une certaine nostalgie, une reconnaissance tacite de la fragilité de la vie et de la fugacité des instants partagés. Chaque rire, chaque larme, chaque silence partagé devient un témoignage vivant de la profondeur des liens qui unissent ces amis. C'est une alchimie complexe où les différences deviennent des forces, où les conflits se transforment en opportunités de croissance et de compréhension mutuelle.

La fraternité qui émerge de ces réunions est d'une qualité rare. Elle se manifeste dans les gestes simples et pourtant significatifs : un regard complice, une accolade chaleureuse, un mot d'encouragement murmuré. Ce sont des moments où l'on réalise que, malgré les tumultes et les divergences, il existe un noyau indestructible de solidarité et d'amour. C'est là que réside la véritable émotion : dans cette reconnaissance mutuelle, cette acceptation inconditionnelle de l'autre avec ses forces et ses faiblesses.

Les réunions d'amis rappellent également la puissance du pardon et de la réconciliation. Elles illustrent la capacité humaine à surmonter les blessures et à reconstruire des ponts là où ils ont été brisés. C'est une célébration de la résilience et de l'espoir, une affirmation que, malgré les épreuves, les relations peuvent non seulement survivre mais aussi s'épanouir.

Il est poignant de constater à quel point ces moments nourrissent l'âme. Ils sont comme des oasis de paix et de compréhension dans le désert aride des incompréhensions quotidiennes. Ils offrent un refuge, un espace où l'on peut être pleinement soi-même, entouré de ceux qui partagent notre chemin de vie. Ces rassemblements nous rappellent que, même dans un monde souvent divisé, il est possible de trouver une unité profonde et sincère.

En fin de compte, les réunions d'amis, malgré leurs hauts et leurs bas, incarnent l'essence même de ce que signifie être humain : la capacité à aimer, à pardonner, à comprendre et à être solidaire. Elles nous montrent que, malgré les divergences, il existe une force puissante et indestructible dans les liens d'amitié et de fraternité. C'est cette force qui émeut et touche profondément, car elle reflète notre désir fondamental de connexion et d'appartenance.

L'amour inconditionnel : Une Exploration de l'Authenticité et de la Pureté

L'amour, dans sa forme la plus pure et la plus inaliénable, transcende les dimensions ordinaires de l'intérêt, de la fascination, de l'admiration et de l'attirance. Cet amour authentique et inconditionnel, souvent idéalisé mais rarement compris dans toute sa profondeur, constitue une quête humaine fondamentale. À travers l'analyse de diverses perspectives philosophiques, psychologiques et littéraires, nous tenterons de cerner les contours de cet amour suprême, qui défie les limitations de l'égoïsme et de la contingence.

L'amour inconditionnel se distingue par son caractère absolu et désintéressé. Contrairement à l'amour conditionnel, qui dépend de certaines qualités, actions ou circonstances, l'amour inconditionnel persiste indépendamment des changements et des imperfections. Dans le cadre des relations humaines, cet amour est souvent associé à l'affection parentale, mais il peut également se manifester dans des relations amoureuses ou amicales d'une rare intensité. Erich Fromm, dans son ouvrage "L'Art d'Aimer" (1956), décrit l'amour inconditionnel comme une capacité à se transcender soi-même pour se dévouer entièrement à l'autre. Fromm souligne que cet amour repose sur quatre éléments essentiels : le soin, la responsabilité, le respect et la connaissance. Il s'agit d'un amour qui n'attend rien en retour et qui trouve sa raison d'être dans l'existence et le bien-être de l'autre.

Philosophiquement, l'amour inconditionnel a été exploré par de nombreux penseurs. Emmanuel Levinas, par exemple, place l'éthique au cœur des relations humaines et voit dans le visage de l'autre une exigence d'amour et de responsabilité inconditionnelle. Selon Levinas, l'amour véritable implique une réponse à l'altérité de l'autre, une reconnaissance de son humanité et de sa singularité qui transcende toute instrumentalisation. Simone Weil, dans "L'Enracinement" (1949), traite de l'amour inconditionnel comme d'une attente silencieuse et pure de la vérité et de la justice pour autrui. Weil associe cet amour à une forme d'attention profonde et désintéressée, qui nécessite une suspension de l'égoïsme et des désirs personnels.

Sur le plan psychologique, l'amour inconditionnel est souvent étudié dans le contexte des théories de l'attachement et du développement affectif. John Bowlby, pionnier de la théorie de l'attachement, suggère que la capacité à aimer de manière inconditionnelle est profondément enracinée dans les premières expériences de vie, notamment dans la qualité de l'attachement entre le nourrisson et les figures parentales. Un attachement sécurisant permettrait de développer une capacité à établir des relations authentiques et désintéressées à l'âge adulte. Carl Rogers, célèbre psychologue humaniste, introduit le concept de "considération positive inconditionnelle" dans ses travaux sur la thérapie centrée sur la personne. Rogers soutient que pour favoriser la croissance personnelle et le développement authentique, il est crucial de recevoir et d'offrir un amour qui accepte et valorise l'autre sans condition.

La littérature offre une riche exploration de l'amour inconditionnel, souvent à travers des récits poignants et des personnages exemplaires.

Victor Hugo, dans "Les Misérables" (1862), illustre cet amour à travers le personnage de Jean Valjean, dont la rédemption et les sacrifices pour Cosette transcendent l'intérêt personnel et les convenances sociales. Dans "Anna Karénine" (1877) de Léon Tolstoï, l'amour inconditionnel est incarné par le personnage de Konstantin Lévine, dont l'affection pour son épouse Kitty demeure inébranlable malgré les difficultés et les doutes. Tolstoï dépeint cet amour comme une source de force intérieure et de paix, contrastant avec les passions destructrices qui animent d'autres personnages.

Dans notre société contemporaine, l'amour inconditionnel peut être observé dans des actes de bienveillance désintéressée et de solidarité. Les mouvements humanitaires et les engagements pour des causes altruistes sont souvent motivés par un amour pour l'humanité qui transcende les intérêts personnels. Les relations de mentorat et de soutien dans les communautés marginalisées montrent également comment l'amour inconditionnel peut se manifester dans des contextes où le besoin d'acceptation et de validation est crucial. Ces relations, basées sur le soutien inébranlable et la croyance en la valeur intrinsèque de l'autre, illustrent la puissance de l'amour inconditionnel comme force de transformation sociale.

L'amour inconditionnel, dans toute sa splendeur et sa profondeur, représente l'un des idéaux les plus nobles et les plus difficiles à atteindre de l'expérience humaine. Qu'il soit exploré à travers les prismes de la philosophie, de la psychologie ou de la littérature, cet amour transcende les frontières de l'intérêt personnel et des circonstances. Il nous invite à une quête incessante de désintéressement, de compréhension et de dévotion envers autrui, faisant écho aux paroles de Saint-Exupéry : "On ne voit bien qu'avec le cœur. L'essentiel est invisible pour les yeux."

Table des matières

www.ingramcontent.com/pod-product-compliance
Lightning Source LLC
La Vergne TN
LVHW012052160826
845678LV00014B/2795